青少年乒乓球入门教程

**全彩图解
视频学习版**

原中国国家乒乓球队队员　赵岩｜编

人民邮电出版社
北京

图书在版编目（CIP）数据

青少年乒乓球入门教程：全彩图解视频学习版 / 赵岩编. -- 北京：人民邮电出版社，2022.6
ISBN 978-7-115-58042-9

Ⅰ. ①青… Ⅱ. ①赵… Ⅲ. ①乒乓球运动－青少年读物 Ⅳ. ①G846-49

中国版本图书馆CIP数据核字(2021)第242489号

免责声明

作者和出版商都已尽可能确保本书技术上的准确性以及合理性，并特别声明，不会承担由于使用本出版物中的材料而遭受的任何损伤所直接或间接产生的与个人或团体相关的一切责任、损失或风险。

内 容 提 要

本书由原中国国家乒乓球队队员赵岩编写，通过分步骤图解的方式，详细介绍了适合初学者学习的乒乓球技术，不仅可以为乒乓球爱好者提供学习参考，还可以为乒乓球教练和体育老师提供丰富的教学内容和参考经验。

本书重点聚焦横拍打法，从乒乓球球具、场地、球的旋转轨迹，以及裁判员手势及术语等基础知识讲起，然后着重讲解了乒乓球运动的基本姿势与步法，以及发球、击球、接球等乒乓球技术要点，并针对技术的强化提供了专门的综合练习方法，还提供了单双打常用战术，以帮助乒乓球初学者更好地掌握技能。此外，本书还提供了部分技术及练习方法的真人示范视频，扫描书中的二维码即可观看，希望本书能够帮助乒乓球初学者更全面地学习这项运动，帮助教练和体育老师更系统地进行乒乓球教学。

- ◆ 编　　　　赵　岩
  责任编辑　林振英
  责任印制　马振武

- ◆ 人民邮电出版社出版发行　北京市丰台区成寿寺路 11 号
  邮编　100164　电子邮件　315@ptpress.com.cn
  网址　https://www.ptpress.com.cn
  北京七彩京通数码快印有限公司印刷

- ◆ 开本：700×1000　1/16
  印张：10.5　　　　　　　2022 年 6 月第 1 版
  字数：240 千字　　　　 2025 年 10 月北京第 8 次印刷

定价：59.80 元

读者服务热线：(010)81055296　印装质量热线：(010)81055316
反盗版热线：(010)81055315

推荐语

　　乒乓球运动是一项老少皆宜的体育项目，在我国有着非常广泛的群众基础，素有"国球"的美誉。同时，在竞技体育领域，乒乓球也是我国的传统优势项目。"体育运动要从娃娃抓起"，乒乓球运动的强势发展离不开国家的大力支持以及基层教练对技术的正确传授和对青少年运动员的悉心指导！这是一个长期积累的结果。

　　乒乓球运动是一项集娱乐与健身于一体的运动项目，所需场地简单且比较容易上手，非常适合青少年学习。练习乒乓球不仅可以增强身体素质，还可以通过比赛培养青少年的意志、品质，综合提升个人素质。这本书由我师妹赵岩编写，全书以高清图解加视频展示的方式讲解适合青少年学习的乒乓球技术，可读性强，适合执教青少年球员的教练和有此意愿的家长阅读学习。

　　赵岩在 2010 年进入国家乒乓球队，曾在国内外比赛中多次获得优异成绩，打法细腻且擅长总结，在退役之后，她将这一特点延续到了执教中。如今她将自己多年的经验总结成书，从而能为更多想要学习乒乓球技术的人提供一些帮助，于她而言这是一件非常有意义的事情，我也为她通过努力而获得的成果感到高兴。

　　竞技体育的竞争非常激烈，赛场形势瞬息万变，这也正是它的魅力所在。中国乒乓球水平多年来处于世界领先的地位，离不开教练团队的辛苦付出、运动员们的顽强拼搏以及全国人民的大力支持。作为一名体育人，身上肩负的不仅是赛场上的荣誉，也肩负着我国体育事业发展的责任，愿我们既可以征战赛场，也可以在我国体育事业的发展中发挥自己的一份力量！

许昕

乒乓球奥运冠军

目录 CONTENTS

第 3 章　发球技术　048

第 4 章　击球技术　070

第 7 章　直拍与削球　　161

乒乓球运动基础知识

在正式开始学习之前，我们需要先了解一下与乒乓球运动相关的基础知识，如乒乓球球具、乒乓球台、乒乓球服装、击球部位、击球时间、击球路线等。

■ 乒乓球球具

乒乓球球具是进行乒乓球运动必备的用具和装备，包括球拍和乒乓球。

1. 球拍

直拍和横拍是球拍的两个主要分类，两者在拍柄长度及使用方面存在一定差别。

横拍

在拍柄长度上面，横拍拍柄略长；在使用方面，使用横拍可以较为流畅地完成正、反手切换，而且反手击球的力度与正手相当，有利于快速展开进攻。初学者如果更加倾向于使用正、反手灵活切换的打法，就可以选择横拍入门。如今，使用横拍也是国际主流。

直拍

在拍柄长度方面，直拍拍柄较短；在使用方面，使用直拍可以较好地处理发球与近台位置的来球，但在反手击球方面存在一定的不便。初学者如果手腕灵活且行动敏捷，可以选择直拍入门，但因为直拍拍形不易固定，所以在练习的过程中要保证动作与发力方式的准确性，以免养成不好的习惯。

在选择球拍时，自己握拍时的感受尤为重要，所以最好在尝试之后再做决定，通过实际体验找到最适合自己的球拍。

2. 乒乓球

国际乒乓球联合会（简称国际乒联）指定的比赛用球规格是直径为 40 毫米，质量为 2.7 克，颜色为白色，表面无光泽的圆球体。

国际乒联将乒乓球分为一星、二星和三星 3 个等级，星数越多，球的弹性就越好。对于初学者来说，选择无缝的一星或二星球即可，它们较便宜且容易控制，适合在技术的掌握阶段使用。

3. 胶皮

球拍两面都会贴上橡胶制的胶皮，因为击球时是胶皮与球直接接触，所以胶皮的类型直接影响着球拍的性能。现在，胶皮大致分为 3 类——反胶、正胶及长胶，它们不是直接贴在底板上的，而需要覆盖在海绵上，所以现在市面上一般都会销售事先将海绵与胶皮粘好的套胶。初学者最好先选择成品拍，它们性价比较高，符合标准，且能省去自己粘贴球拍的麻烦。

反胶

正胶

长胶

反胶表面比较平滑，击球稳定，控球效果好，更容易让球旋转，比较适合初学者使用。

正胶弹性较大，表面布满了较小的突起，所以只能让球产生较小的旋转，但与反胶比起来，使用正胶不易被对方的旋转球影响。正胶更适用于快攻型打法，也比较适合初学者使用。

长胶表面布满了细长的突起，只是突起的高度高于正胶的突起，分布面积也比正胶大，且由于颗粒支撑力较小，长胶控球更难，所以不适合初学者使用。

■ 乒乓球台

现在，国际上通用的乒乓球台长274厘米，宽152.5厘米，高76厘米，在球台中间设有一高度为15.25厘米的球网，球网支架两端都向外延伸15.25厘米，球台面为无光泽的蓝色或绿色。

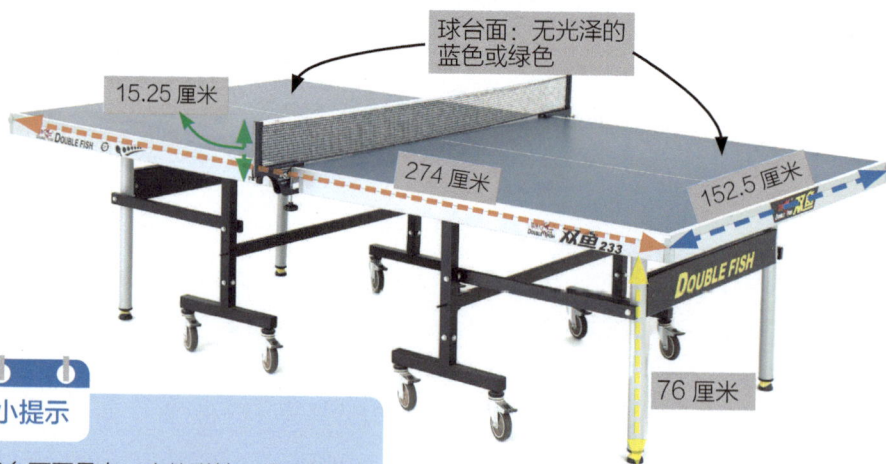

球台面：无光泽的
蓝色或绿色

15.25厘米

274厘米

152.5厘米

76厘米

小提示

球台面要具有一定的弹性，使球能够在高出球台面30厘米的位置抛下时弹起23厘米左右的高度。

球台面需与水平面平行，四边各有一条20毫米宽的白线，分别为边线与端线。球台面中央有一条与边线平行的宽3毫米的白线，称为中线，中线将球台分为面积相等的两个半区，以击球者本身为参照物，左侧为左半台，右侧为右半台，其主要在双打中发挥作用。此外，击球范围占球台2/3的称为2/3半台，左侧为左2/3台，右侧为右2/3台。

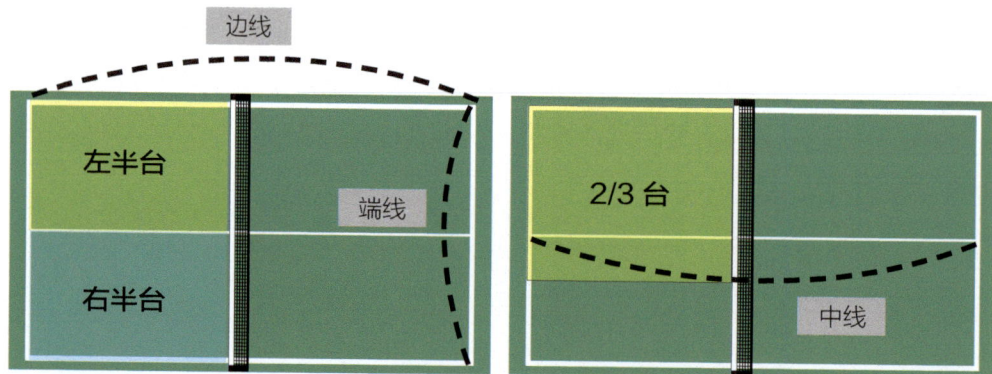

边线

左半台

端线

右半台

2/3台

中线

■ 乒乓球服装

乒乓球球衣

乒乓球球鞋

乒乓球球衣以透气、吸汗、速干、轻便、舒适为宜，不能太紧或太宽松，以方便运动为准。在正式的比赛中，球员应穿着特定的运动上衣及短裤，衣服要合身透气，松紧适中，不然容易影响自己的动作。

乒乓球球鞋轻便透气、不易变形，鞋底高弹缓震、防滑性能较好，且能充分包裹脚掌，可以很好地保护球员的脚踝、脚跟等部位，防止球员在横移及跑动时扭伤。

■ 击球部位

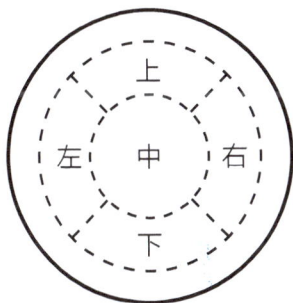

迎球面

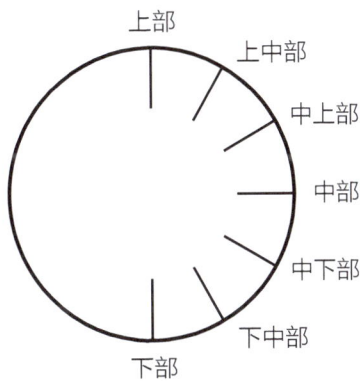

迎球侧面

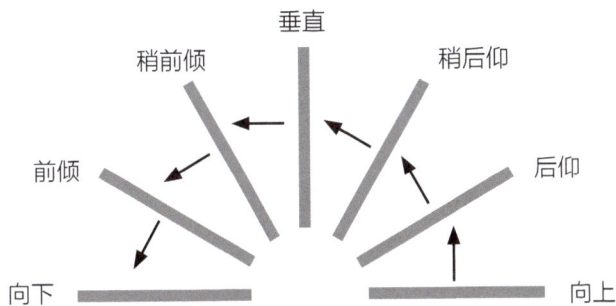

击球时的拍面角度

拍面与水平夹角小于90°时为前倾；等于90°时为垂直；大于90°时为后仰。通常，拍面前倾击球的中上部，拍面垂直击球的中部，拍面后仰击球的下中部。

■ 击球时间

　　来球落在本方球台面后弹起，弹起后的运行轨迹可分为 5 个阶段，每个阶段对应一个击球时间。在具体的击球技术里，球员需要在准确的时机挥拍击球，以达到想要的效果。

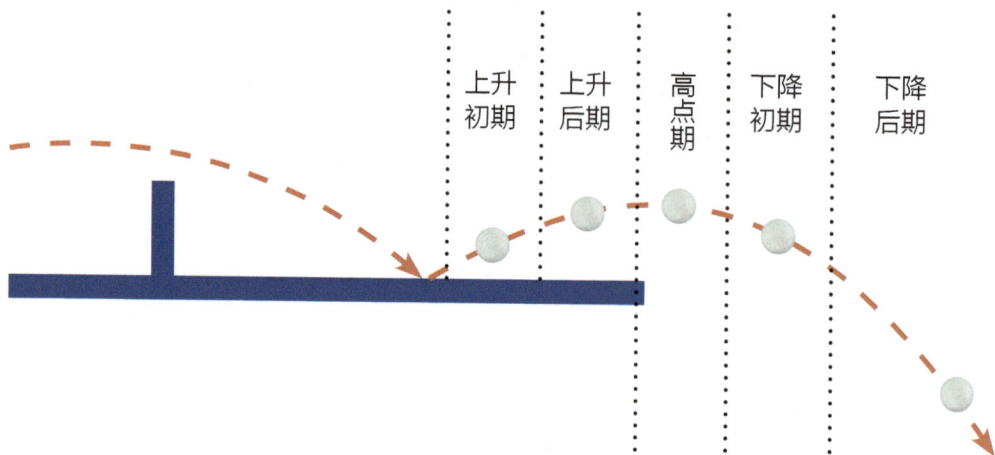

| 上升初期 | 上升后期 | 高点期 | 下降初期 | 下降后期 |

■ 击球路线

　　击球路线是球的飞行轨迹在水平的球台面上的投影线，它的起点是球员自己的击球点，终点是球在对方球台面上的落点。

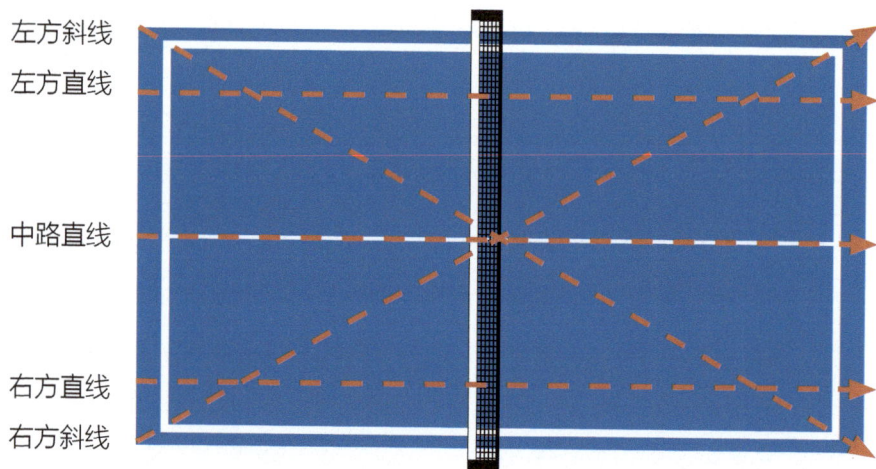

左方斜线
左方直线

中路直线

右方直线
右方斜线

■ 球的旋转与轨迹

1. 上旋球与下旋球

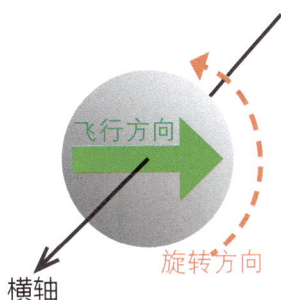

横轴是通过球心且与乒乓球的飞行方向垂直的轴。绕横轴逆时针旋转的是下旋球，绕横轴顺时针旋转的是上旋球。

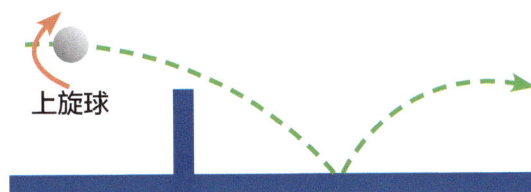

2. 左旋球与右旋球

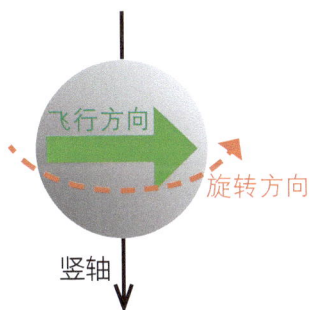

竖轴是通过球心且与台面垂直的轴。绕竖轴逆时针旋转的是右旋球，绕竖轴顺时针旋转的是左旋球。

3. 不转球

无论是相对于横轴还是竖轴，球体飞行时都无明显的旋转方向且转速低，近似不旋转。

4. 顺旋球与逆旋球

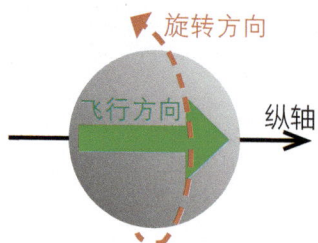

纵轴是通过球心且与乒乓球的飞行方向平行的轴。绕纵轴逆时针旋转的是逆旋球，绕纵轴顺时针旋转的是顺旋球。

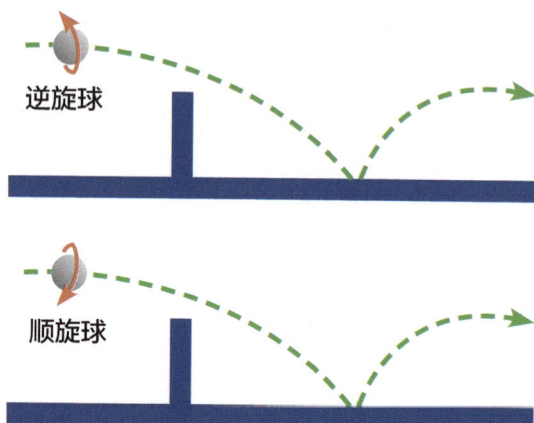

■ 一般规则

现在，国际上的乒乓球单打赛事多采用 7 局 4 胜制，全场有一次暂停。不过在每局结束后，有一分钟的休息时间，并交换场地，再开始下一局比赛。

对战中，先累计得 11 分的球员赢得此局；如果在比分累计得 10 分时或之后打平，则需再得 2 分才能拿下此局。一定注意，双方分数都到达 10 分后，先多得 2 分的一方为胜方。如果对方出现以下情况，判为本方得分：对方未能合法发球，球在对方的半台上反弹超过两次，对方未能成功回击来球（没接到、球未过网或出界等），对方先后多次击球等。

其中，合法发球是指非持拍手五指并拢，水平伸直，掌心朝上，使乒乓球静止停在掌心，之后垂直向上抛球，使球上升的高度不低于 16 厘米，且不能通过转球等方式制造旋转，在球到达最高点后开始下降时，才可击球。发出的球必须先落在本方半台上，接着弹起越过球网，再落在对方的半台上。此外，发球过程中不得有遮挡球的行为。

比赛前，应该进行抽签，中签者可选择自己的发球次序或初始站位，但只能决定其中一项，另一项由对方决定。每局比赛中，一方完成两次发球后，换对方发球；每局比赛到 10 平后，或者采用轮换发球法（单局比赛超过 10 分钟）时，双方轮流发一次球。一局结束后，双方要交换发球次序与站位；但在最后的决胜局中，如果有球员先得 5 分，也要交换站位。此外，如果以上方面出现差错，裁判员应该及时暂停比赛，确定正确的发球次序与站位，然后继续进行比赛，之前的得分均有效。

■ 裁判员手势及术语

裁判员手势及其代表的术语如下。

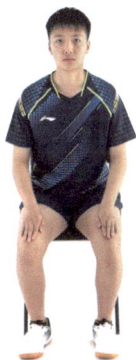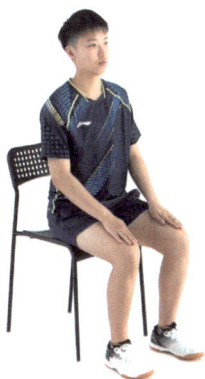

主裁判员和副裁判员

发球

报分

交换站位

停

练习 2 分钟

警告

罚分

暂停

擦边球

第1章
基本姿势与球性练习

无论是哪项运动，掌握正确的姿势都是成功的第一步。掌握正确的姿势不仅可以让球员少走弯路，也可以降低受伤的风险。

001 基本姿势

1 视线

双眼注视来球方向，下巴微向内收，预判球到落点的飞行轨迹。

2 上身

身体放松，上身适当前倾并略含胸，肩膀保持自然放松。

3 手臂

持拍侧的手臂自然弯曲，手腕放松，放在身前偏右处。

4 膝盖

膝盖微屈，以便随时进行脚步的移动。

5 双脚

左脚在前，右脚在后，两脚的前后距离大约是半个脚掌的长度，左右距离略比肩宽，重心置于两脚之间，而不要放在某只脚上。

◉ 错误姿势

▲ 双脚前后距离过小　　　▲ 肘部过高　　　▲ 膝盖、腰背部弯曲程度不够

练习

002 基本站位

基本姿势与球性练习

步法

发球技术

击球技术

综合练习

常用战术

直拍与削球

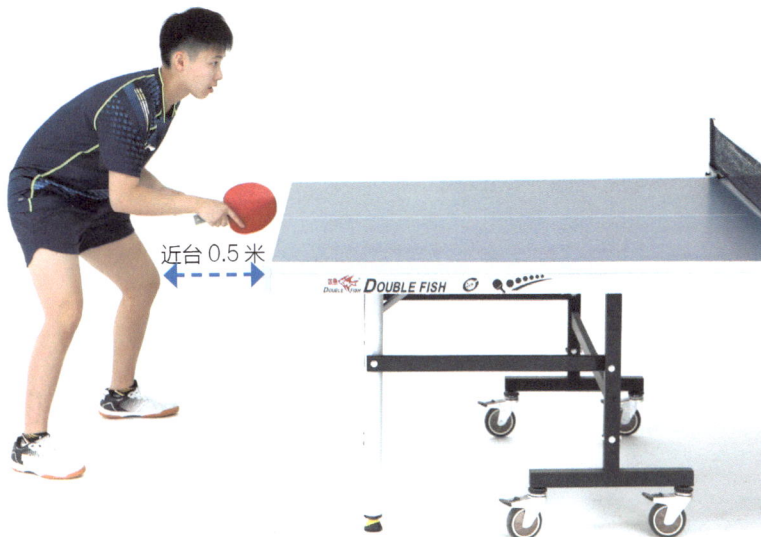

近台 0.5 米

动作讲解

　　基本站位是球员击球时的一个相对固定的站位，它是一个大概的范围，而不是一个绝对固定的位置，所以各种打法适合的基本站位及范围是不同的。一般来说，球员都在球台偏左，在距台 20~40 厘米的位置以基本站姿站好，并保证球拍略高于球台，拍头朝前。

◉ 不同距离

中台　1 米　　　　　　　　　　　　远台 1.5 米

练习

003 横拍握法

正面角度

背面角度

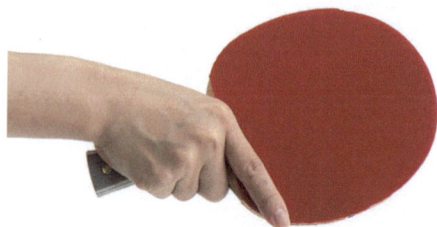

侧面角度

动作讲解

　　标准的横拍握法要求用惯用手的中指、无名指与小指自然握住拍柄，拇指斜按在球拍正面的底部边缘处，食指自然伸直斜放于球拍背面的底部靠近边缘处，球拍的侧面刚好卡在虎口中央。

小提示

握拍时手指要自然放松，在击球瞬间发力即可。用力握住球拍不利于正、反手的快速切换。

练习

004 直拍握法

正面角度

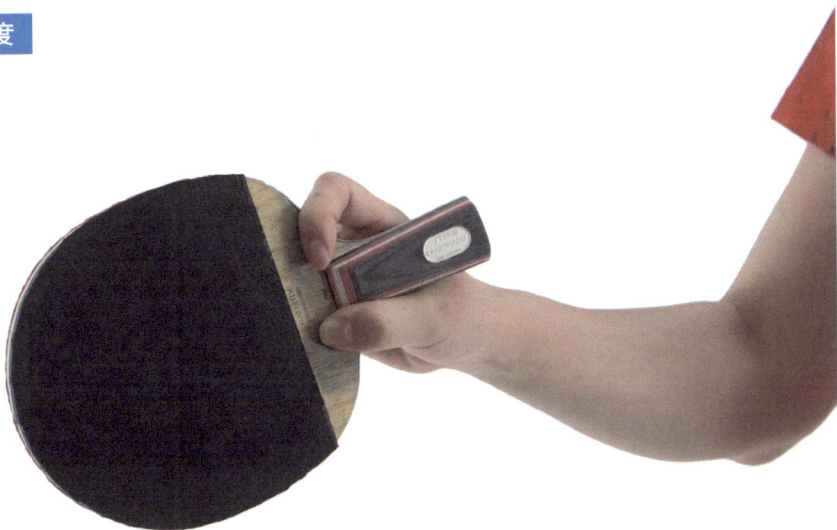

背面角度

侧面角度

基本姿势与球性练习

步法

发球技术

击球技术

综合练习

常用战术

直拍与削球

动作讲解

食指、拇指呈钳型握住拍柄，两指间距离适中，拍柄贴住虎口，另外三指自然弯曲斜重叠，以中指第一指节托于球拍背面，使球拍保持平稳。

005 引拍姿势

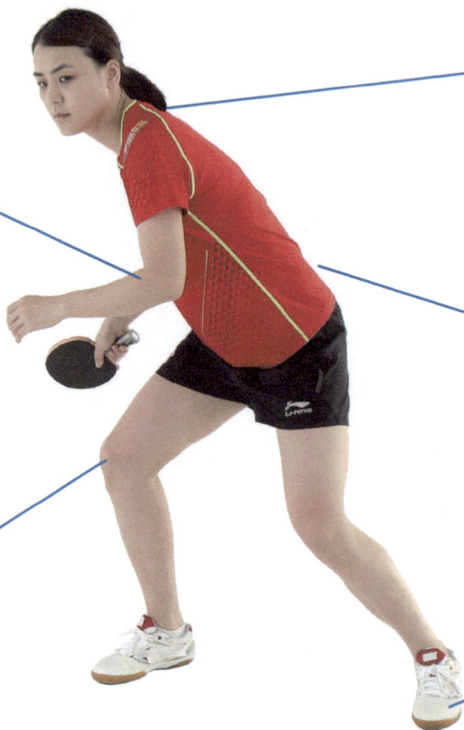

1 肩膀

肩膀整体同时转动，左肩在前，右肩在后并自然下沉。

2 手臂

持拍侧的手臂随身体重心摆动，自然后拉，放在身前偏右处，并保持放松；另一侧手臂自然弯曲，置于身前。

3 腰部

引拍时转体的重点在于腰部的转动，以腰为轴，带动持拍侧的手臂后引。腰部的转动幅度不宜过大。

4 膝盖

双膝微屈，且右腿的屈膝幅度更大，把身体重心放在右脚上。

5 双脚

右脚在后、左脚在前，左脚外侧略微抬起，离开地面。

◉ 背面示范　　　　　　　　　◉ 侧面示范

练习

006 正手引拍

扫码看视频

动作讲解

　　两脚分开，略比肩宽，手臂放松，通过腰部的转动带动持拍侧的手臂后拉，完成引拍。转动的过程中，膝盖微屈，并逐渐将重心转移到右脚上。此外，持拍侧手臂的肘关节也要随之外展，避免大臂、小臂之间的夹角过小，否则不利于之后的发力挥拍。

◎ 侧面示范

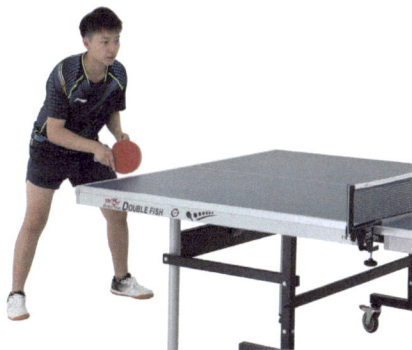

基本姿势与球性练习

步法

发球技术

击球技术

综合练习

常用战术

直拍与削球

007 反手引拍

扫码看视频

·· 动作讲解 ··

　　膝盖弯曲，降低身体重心，上身略微前倾。肩膀随腰部稍向左后转动，从而带动持拍侧手臂自然后摆。然后弯曲肘关节，带动球拍移动到自己的腹部左前方，完成引拍。

◉ 侧面示范

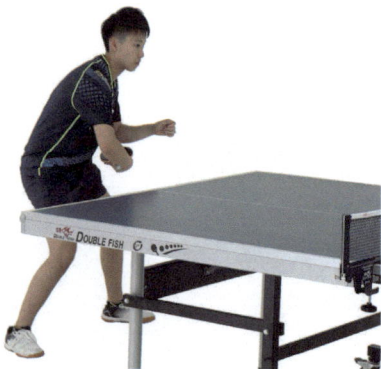

小提示

转身时，一定要以腰胯部为轴，用腰部的转动带动肩膀转动，从而让持拍侧手臂自然后摆。

练习

008 直拍击球后还原

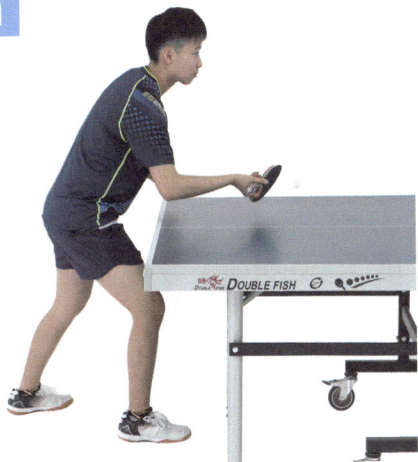

动作讲解

①～②如果在接球时有向前迈步等让站位与姿势出现较大变动的动作，那完成击球后应该迅速还原，恢复基本姿势：两脚水平分开，略比肩宽，双膝微屈，重心放在两脚之间，将球拍置于较高的位置，让球拍与台面接近垂直，做好回球的准备。还原主要包括对站位、姿势与重心的还原，同时也要时刻关注对手的动向，及时对自己的站位与姿势进行调整。

⊙ 侧面示范

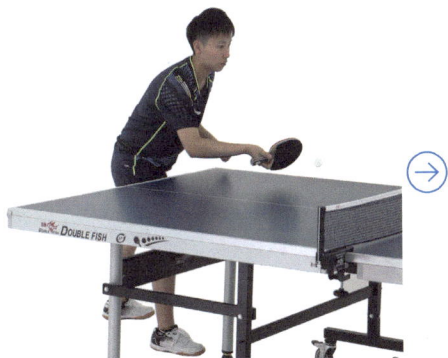

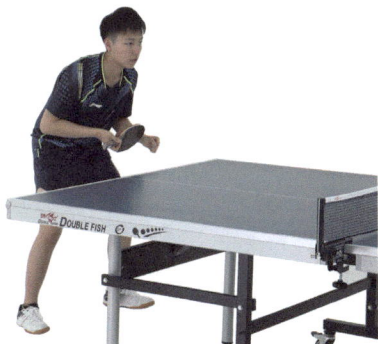

基本姿势与球性练习

步法

发球技术

击球技术

综合练习

常用战术

直拍与削球

009 横拍双面交替颠球

扫码看视频

动作讲解

①～②球员在原地站好，两脚分开，与肩同宽，将球抛出，然后持拍接球，接球时要保证拍面平行于地面，使球垂直弹起。

③ 待球员能够在原地平稳颠球后，通过手腕的翻转，交替使用球拍的正面、反面颠球。注意控制击球的力度与击球时球拍的角度，尽量使球每次都能够垂直弹起到相同的高度。

⊙ 正面示范

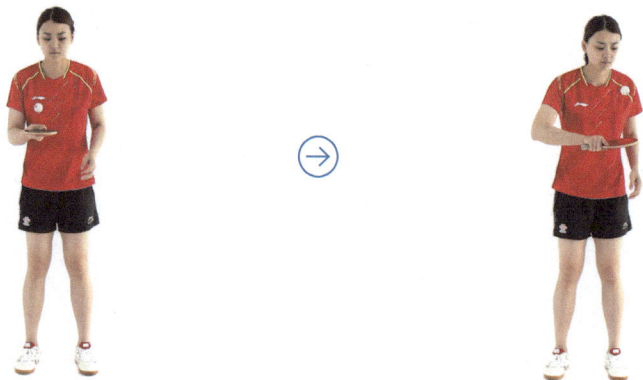

练习

010 横拍台面颠球

扫码看视频

基本姿势与球性练习

步法

发球技术

击球技术

综合练习

常用战术

直拍与削球

动作讲解

①～③站在离球台较近的位置，采用横拍握法握住球拍，持拍侧手臂自然弯曲，垂直向上抬起，让自己的小臂、拍面与台面平行。另一只手在球拍下方拿着乒乓球，然后松手，让球垂直落下，在球弹起到一定高度后用球拍向下拍球，练习规定时间。在台面颠球练习过程中，要控制自己的力度与拍球时球拍的角度，尽可能让球稳定移动，缩小球的落点范围，并从类似高度向下拍球。

小提示

动作掌握熟练后，可以改变拍球的力度与拍球时球拍的角度，让球弹起的轨迹出现变化，以此训练自己的反应速度，并借此总结规律、积累经验、锻炼球感。但一定要控制好球弹起的轨迹，避免让球弹出球台。

011 横拍连续对墙击球

扫码看视频

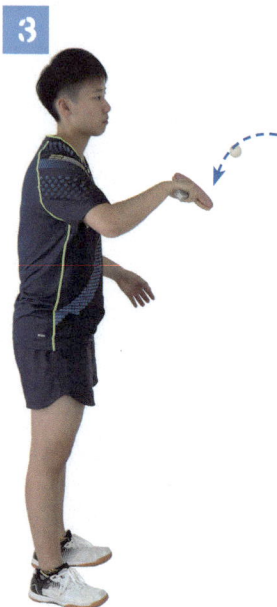

动作讲解

① 站在距离墙壁三四步远的地方，正对着墙面，两脚分开，与肩同宽，采用横拍握法握住球拍。

②~③ 反手击球，将球直接击向墙面，待球反弹回来，在球落地前继续用反手将球击向墙面，练习规定时间。

小提示

练习时，球拍举在胸前，反手击球，控制好自己的力度，保证球的高度不超过自己的身高。此外，要尽可能地削弱球的旋转，以更好地控制球的轨迹。

练习

012　两人对颠球

扫码看视频

小提示

练习过程中，要保持注意力高度集中，目光始终放在乒乓球上。可以适当变化球路，让搭档对球的落点进行预判，并随之移动，但球路变化不宜过大。这样可以增强自己的控球能力和搭档的预判能力。

基本姿势与球性练习

步法

发球技术

击球技术

综合练习

常用战术

直拍与削球

动作讲解

①～③ 二人面对面站立，相隔一定的距离，一人向对面发球，另一人往回击球，发球方再将球打回，以此类推，进行持续的颠球练习，练习规定时间。其间，接发球双方使用自己常用的握拍方式，并始终在腹部前方完成击球，要注意控制自己的力度，不要把球打得太高。

第 2 章
步法

步法是乒乓球技术里最基础的部分之一，每一次击球前的移动都离不开步法的应用。只有通过正确的步法快速移动到合适的位置上，才能保证回击球的准确性与力度。

练习

013 单步

1

2

动作讲解

①～② 当来球距离身体较近（不超过一步远）且角度不大时，可以使用单步移动到方便接球的位置。以远离来球侧的脚为轴，并以此脚的前脚掌用力蹬地，转体，带动另一只脚向来球方向移动，身体重心随之转移，最后放在移动脚上。

◎ 向其他方向移动

014 并步

扫码看视频

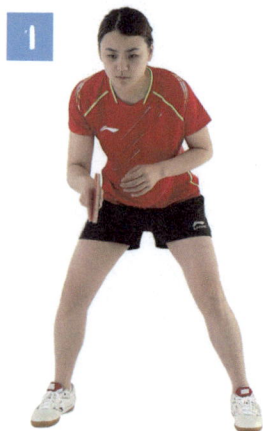

小提示

在移动的过程中，两只脚均不能抬得太高，要尽可能贴近地面，保证向上起伏的幅度不大。此外，在移动过程中要始终保持屈膝状态，将重心放在前脚掌上。

动作讲解

并步主要针对来球距离身体较近（不超过一步远）且移动幅度较小的情况。并步移动的过程中，身体重心起伏较小，不会出现双脚同时离地的情况，所以有利于身体保持平衡稳定，缩短击球前的衔接时间。

①～② 以靠近来球侧的脚作为支撑脚，另一只脚的前脚掌用力蹬地，向支撑脚并一步。

③～⑤ 在脚落地后，支撑脚向来球方向迈一步，移动到方便接球的位置。

练习

015 跨步

扫码看视频

1　2　3

基本姿势与球性练习

步法

发球技术

击球技术

综合练习

常用战术

直拍与削球

动作讲解

　　跨步的移动距离介于单步与并步之间，且重心有所降低，所以跨步在借力还击时使用得较多。

　　① ~ ② 以远离来球侧的脚为轴，并以移动侧的前脚掌用力蹬地，向来球方向转身，随即向后跨出一大步，并将身体重心转移到这只脚上，而此时远离来球侧的脚的脚后跟略微抬起，用脚尖着地。

　　③ 在移动到合适的位置且重心稳定后，挥拍击球。

小提示

　　一般在被动时，使用跨步。此外，由于跨步在移动中会降低身体重心且往往是借力还击，不适用于自己主动发力的情况，所以不宜连续使用。

016 跳步

扫码看视频

1

2

两脚同
时起跳

3

远离来球侧
的脚先落地

4

动作讲解

跳步落地后仍能发力还击来球，便于主动展开进攻。但要注意，身体腾空时要让身体重心平稳移动，以免落地时失去平衡。

①~② 两脚同时发力蹬地（与移动方向相同的一侧脚要更加用力）且同时起跳，向来球方向移动。

③~④ 落地时，双腿屈膝缓冲，且与移动方向相反的一侧脚要先落地，并在另一只脚落地后快速蹬地，让身体重心回到两脚中间。

练习

017 正交叉步

扫码看视频

基本姿势与球性练习

步法

发球技术

击球技术

综合练习

常用战术

直拍与削球

动作讲解

交叉步的移动距离与动作幅度都比较大。惯用手是右手的球员经常用交叉步来扑救打向右方的大角度球。

①～③ 以右脚为轴，向右侧转身，腰与髋迅速转向来球方向，同时把重心移至右脚，左脚脚尖点地。

④～⑥ 左脚从身前向右跨出一大步，形成正交叉步。右脚随之蹬地移动，使身体能够在左脚落地后快速转身，在身体回转的过程中正手击球。

018 反交叉步

扫码看视频

动作讲解

　　如果球员的惯用手是右手，来球在身体左侧且距离较远，球员应该通过反交叉步移动到合适的位置并反手击球。

　　①～③ 以左脚为轴，向左转身，腰与髋迅速转向来球方向，同时把重心移至左脚，右脚脚尖点地。

　　④～⑥ 右脚从身前向左跨出一大步，形成反交叉步。左脚随之蹬地移动，使身体能够在右脚落地后快速转身，在身体回转的过程中反手击球。

练习

019 单步侧身

基本姿势与球性练习

步法

发球技术

击球技术

综合练习

常用战术

直拍与削球

1

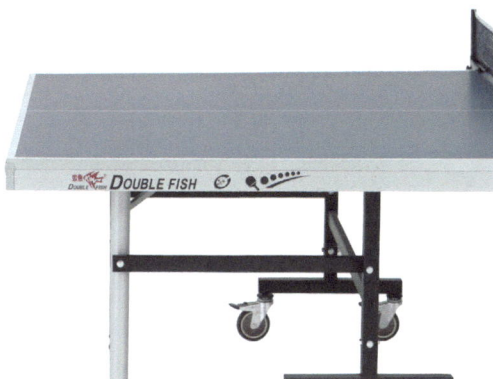

2

动作讲解

①～②当来球落点位于自己的反手位，但想进行正手抢攻时，惯用手是右手的球员可以通过侧身步移动到合适的位置。比赛中如果来球位置不远可以使用单步，其中单步侧身是由臀部的转动带动右脚后撤，从而让身体调整到适合正手击球的位置的。注意，右脚后撤的距离一定要足够大，不然无法顺利进行正手抢攻。

020 并步侧身

扫码看视频

动作讲解

①~③ 并步侧身移动时，右脚先向左小跳一步，移动到左脚的右后方，然后左脚立即向左前方小跳步，移动到左半台方便正手击球的位置。

④~⑥ 双脚都落地后，左脚迅速蹬地，将重心移至右脚，右腿发力，向左侧蹬转，正手击球。

练习

021 一步移动（正手）

扫码看视频

动作讲解

　　一步移动（正手）的活动范围虽然较小，但它的瞬间移动速度是最快的，能够让球员迅速移动到合适的位置击球。

　　①～② 如果想要向右移动，应左脚用力蹬地，让右脚大幅度向右迈出，移动到合适的位置。

　　③～④ 在迈步的过程中，重心应该随之移至右脚，同时完成引拍动作。在右脚落地、重心完全放在右脚上后，正手击球。

022 一步移动（反手）

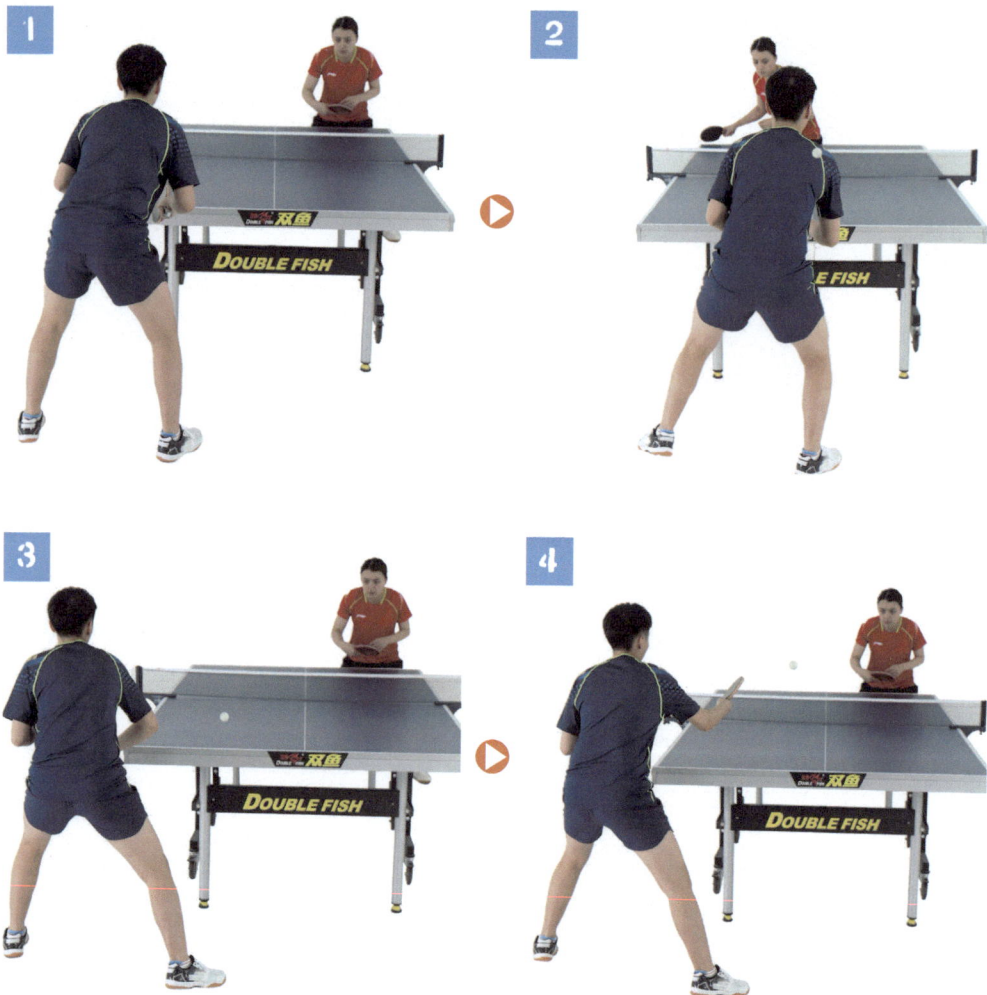

动作讲解

如果来球距离身体较远，且使用两步移动或三步移动步法会导致来不及接球，可以采用一步移动（反手）步法。

①～② 如果想向左移动，应右脚用力蹬地，左脚大幅度向左迈出。

③～④ 在迈步的过程中，重心应该随之移至左脚，同时完成引拍动作；在左脚落地、重心完全放在左脚上后，反手击球。

练习

023 两步移动

扫码看视频

基本姿势与球性练习

步法

发球技术

击球技术

综合练习

常用战术

直拍与削球

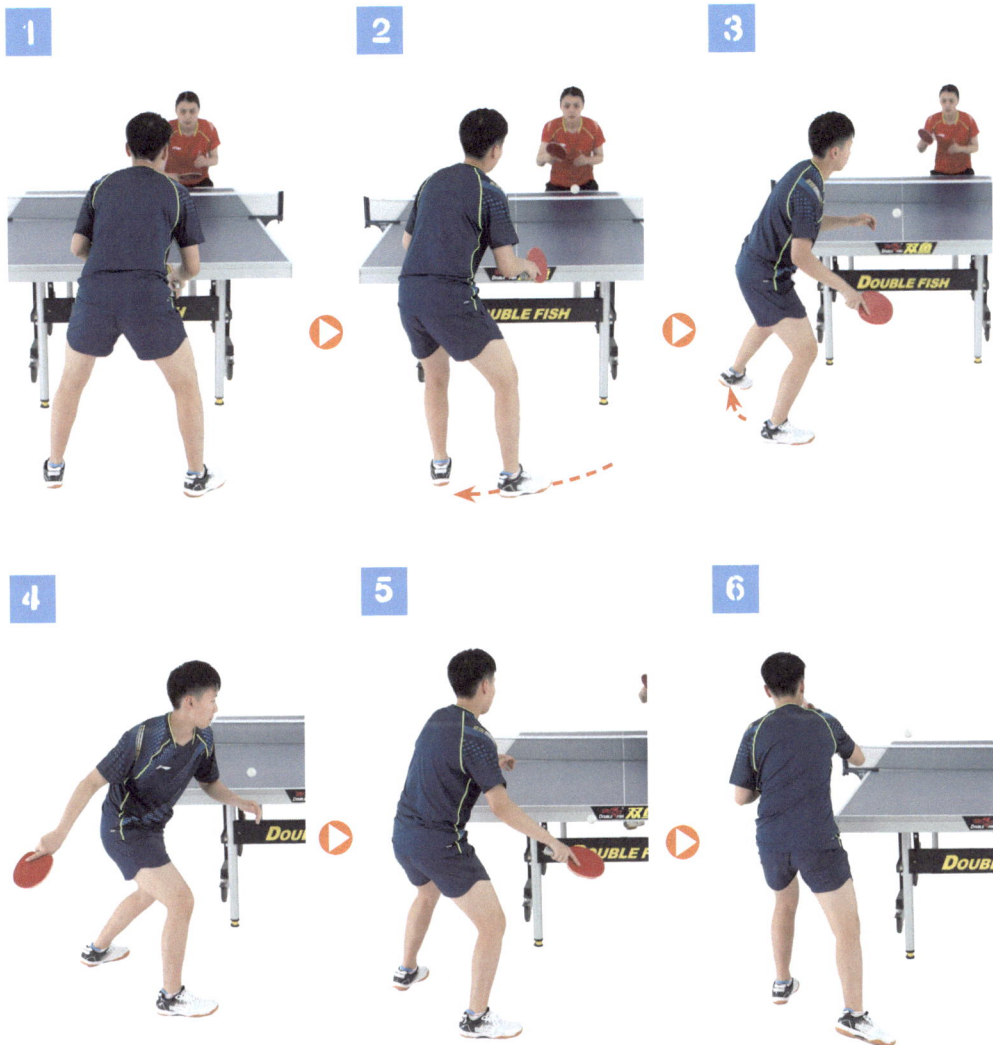

动作讲解

与一步移动相比，两步移动的整体速度虽然慢一些，但它的活动范围要比一步移动的大。

①～③ 如果来球在身体左侧，那先将重心放在左脚上，然后右脚向左迈出第一步；随后立即将重心移至右脚，同时左脚向左迈出第二步，以移动到合适的位置。

④～⑥ 把重心放在右脚上，引拍后正手击球。

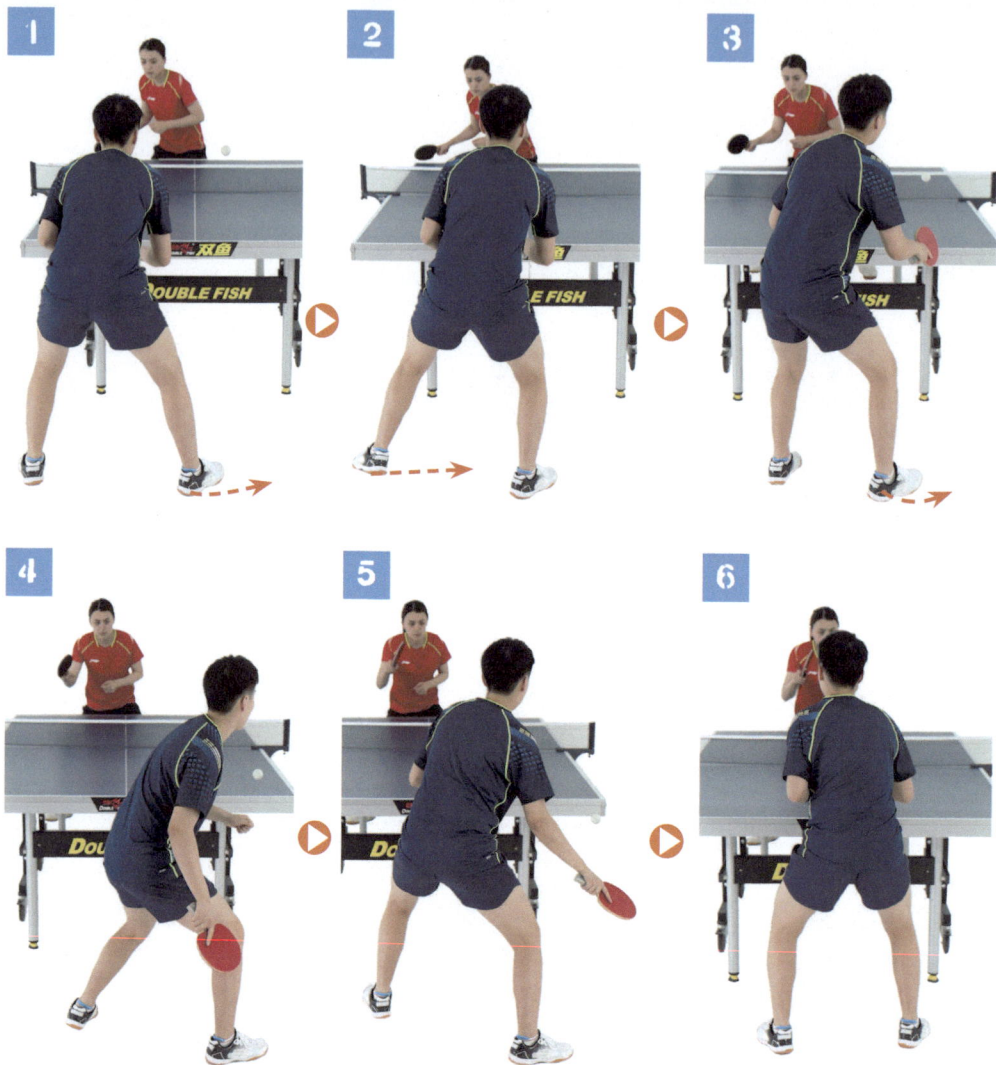

024 三步移动

动作讲解

三步移动的横向移动范围较大，能够让球员灵活、迅速地移动到合适的位置。

①~② 如果来球在身体右侧较远位置，先将重心放在左脚上，然后右脚向右迈出第一步；随后将身体重心转移至右脚，同时左脚向右迈出第二步。

③~⑥ 左脚落地后，随即将重心移至左脚，右脚迅速向右迈出第三步，移动到适合正手击球的位置，并将重心放在右脚上，扭转身体，引拍后击球。

练习

025　三步前后移动

扫码看视频

小提示

如果处在近台站位，就要以尽量小的幅度移动，以防撞上球台；在远台时，则可以加大移动幅度，以顺利移动到合适的位置上。

动作讲解

①~② 惯用手是右手的球员在需要向前移动时，先将重心放在右脚上，左脚向左前方迈出第一步；之后将重心移至左脚，同时右脚向左前方迈出第二步。

③~⑤ 左脚向左前方迈出第三步，形成左脚在前、右脚在后，且重心在右脚上的基本姿势，引拍后击球。

向后移动的原理基本相同，但是要先后撤右脚，再依次后移左脚、右脚，最后依旧要保证形成左脚在前、右脚在后，并且重心在右脚上的基本姿势。

026 侧身抢攻移动

扫码看视频

1 2 3

4 5

 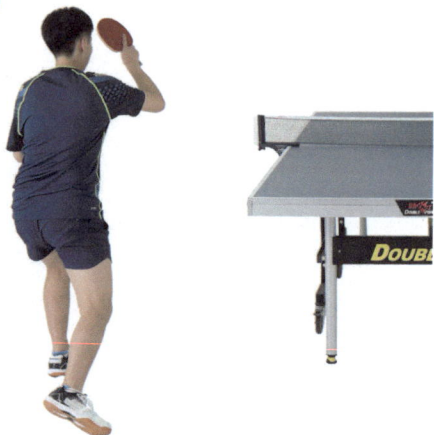

动作讲解

　　进行侧身抢攻时，在移动的过程中便要进行击球前准备，为击球留出充足的时间。因此，在移动时，腰胯往后引，带动身体转向适合击球的角度。

　　①~③ 如果来球落点在左半台，首先左脚向左迈一小步；随后腰胯顺时针旋转，带动身体转向适合正手击球的角度，同时右脚向左脚靠近。

　　④~⑤ 将重心放在右脚上，同时左脚向斜前方迈出一大步，回身，正手用力击球。

027　大跨步接球

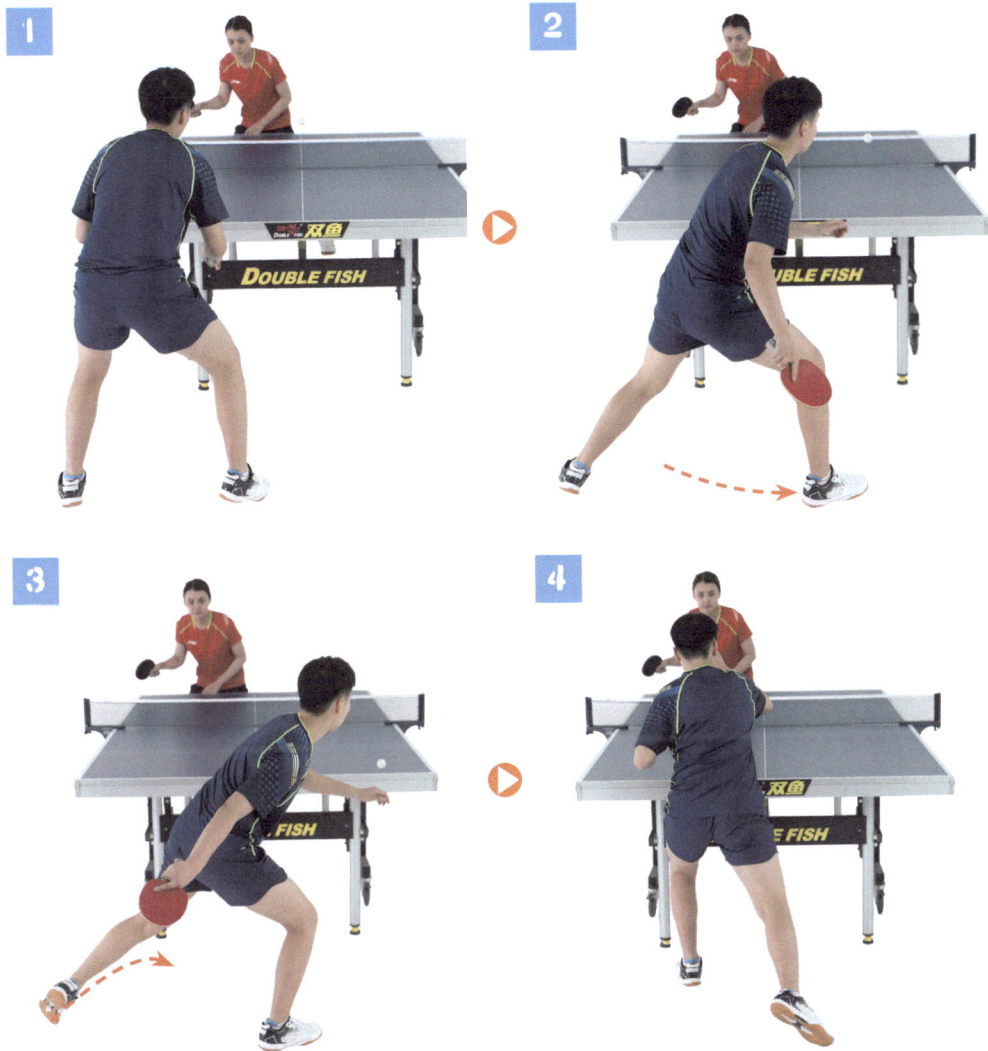

扫码看视频

基本姿势与球性练习

步法

发球技术

击球技术

综合练习

常用战术

直拍与削球

动作讲解

通过大跨步接球可以快速移动到另一半台接球，以抓住最佳击球时机。

①～② 如果球员位于左半台，而来球落点在右半台，右脚就应该向右迈一大步，将重心转移至右脚；同时身体带动右臂后引，完成引拍动作。

③～④ 以右脚为支点，左脚向右前方跨步，右脚随之进行大跨步跳跃，并在腾空过程中挥拍击球。最后左脚先着地，右脚后着地。

第3章
发球技术

在比赛中，发球是实施战术的开始，如果想最大限度地实现自己的战术意图，一个高质量的发球至关重要。

练习

028 正确持球姿势

基本姿势与球性练习

步法

发球技术

击球技术

综合练习

常用战术

直拍与削球

动作讲解

两脚开立，左脚在前，右脚在后，两脚间的距离略比肩宽，双膝微屈。含胸收腹，上身前倾，非持拍手在前，持拍手在后。持拍手按要求握好球拍，非持拍手五指并拢，掌心朝上，手掌半握，使乒乓球静止处于手掌中央，目视掌心（握拍方法在发球、击球中可有灵活变化）。

◉ 侧面示范

◉ 特写示范

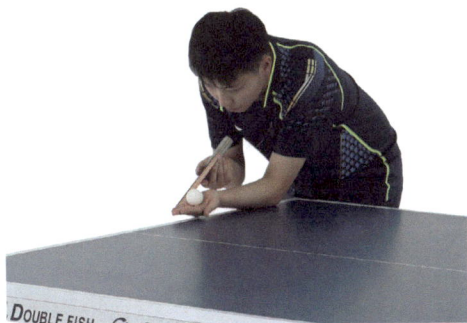

029 横拍正手平击发球

扫码看视频

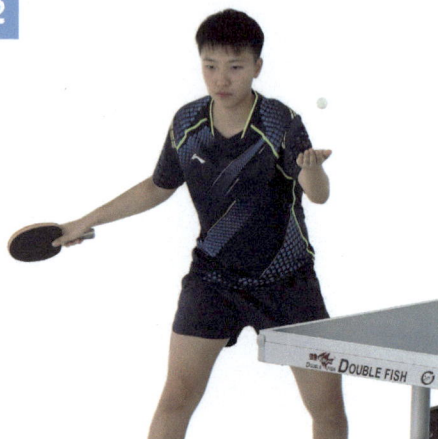

动作讲解

① 站位近台，两脚开立，略比肩宽，且左脚略微靠前。膝盖微屈，上身前倾，右手以横拍方式握拍，左手持球于掌心。

② 将乒乓球向上抛起，之后向右转身，重心随之移至右脚，右臂后引并内旋，使拍面前倾。

③ 在球从最高点落至稍高于球网的位置时，身体迅速回转，重心逐渐左移，同时向左前方挥拍，球拍击打球的中上部，完成正手平击发球。

④ 击球后手臂继续向左前方挥动，身体重心继续左移，之后迅速还原。

练习

030 横拍反手平击发球

扫码看视频

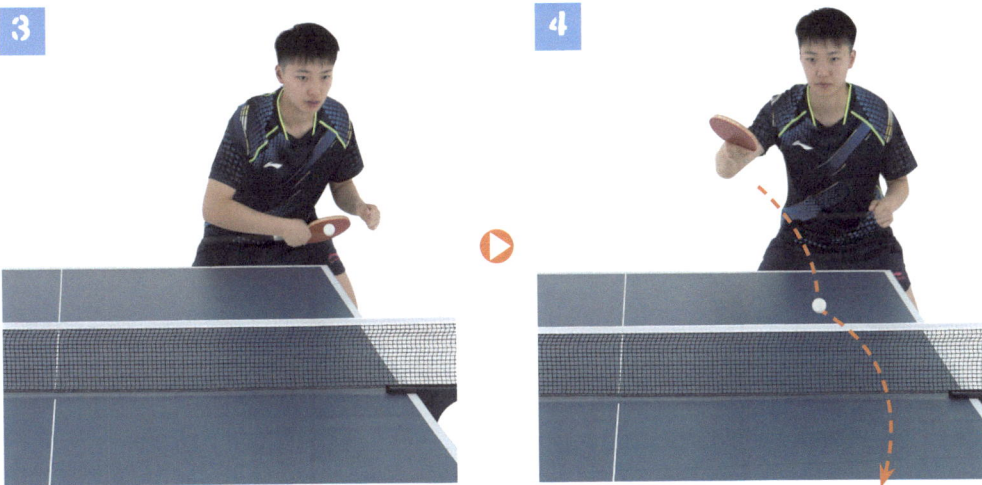

基本姿势与球性练习

步法

发球技术

击球技术

综合练习

常用战术

直拍与削球

动作讲解

　　① 站位近台偏左，两脚平行开立，略比肩宽。膝盖微屈，上身前倾，右手以横拍方式握拍，左手持球于掌心。

　　② 将乒乓球向上抛起，同时略微向左转身，重心随之左移，右臂外旋，使拍面前倾，并向身体左侧引拍，直至球拍靠近左腹部。

　　③ 在球从最高点落至稍高于球网的位置时，回身，右臂迅速向右前方挥动，球拍击打球的中上部。

　　④ 击球后手臂继续向右前方挥动，重心继续向右移动，之后迅速还原。

031 横拍正手发奔球

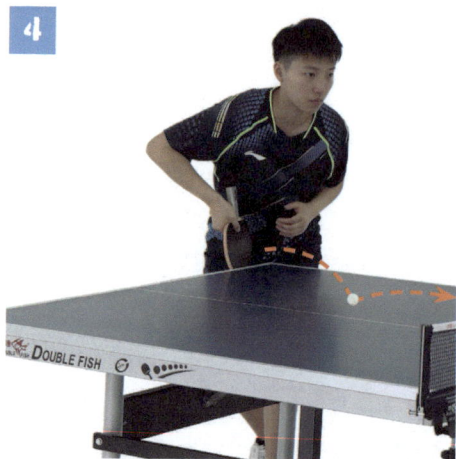

动作讲解

① 站在球台左角外侧，两脚分开，与肩同宽，左脚稍微靠前。屈膝，上身前倾，右手以横拍方式握拍，左手掌心托球置于身前。

② 将乒乓球向上抛起，身体稍向右转，重心移至右脚。同时，右臂上抬，肘关节自然弯曲，向身体右后方引拍，小臂外旋，手腕放松，使拍面后仰。

③ 腰部回转，以肘关节为支点，小臂向前方挥动，重心随之左移，在较低的高度击球。击球的瞬间手指发力抓拍，手腕从右后方向左上方扬起，摩擦发力。

④ 击球后身体重心最终放在左脚上，之后迅速还原。

练习

032 横拍反手发奔球

扫码看视频

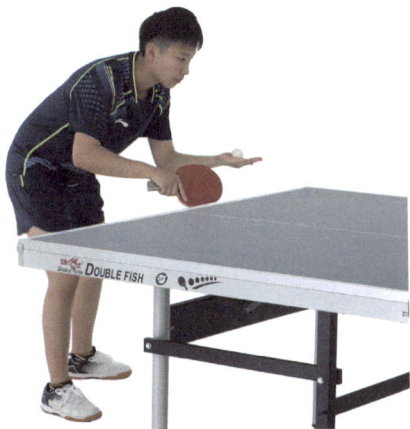

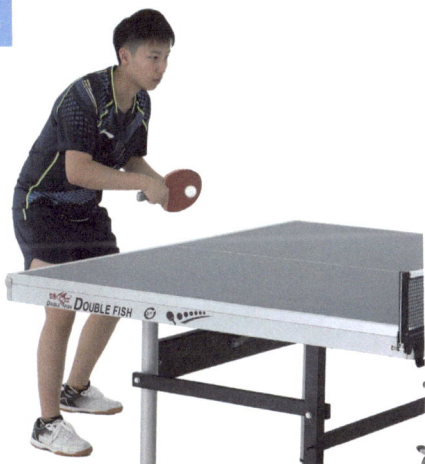

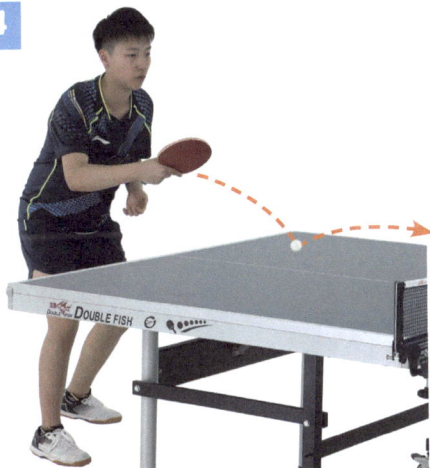

基本姿势与球性练习

步法

发球技术

击球技术

综合练习

常用战术

直拍与削球

动作讲解

① 站在近台偏后的位置，两脚分开，与肩同宽，其中右脚在前。屈膝，上身前倾，右手以横拍方式握拍，左手掌心托球置于身体左前侧。

② 将乒乓球向上抛起，同时略微向左转身，重心随之左移。右臂外旋，使拍面前倾，并向身体左前方引拍，直至球拍靠近左腹部。

③ 以腰部的回转带动手臂向右前方挥拍，重心随之右移，在较低的高度击球。击球瞬间手腕要有弹击发力的动作。

④ 击球后手臂继续向右前方挥动，重心继续向右移动，之后迅速还原。

033 横拍正手高抛发球

扫码看视频

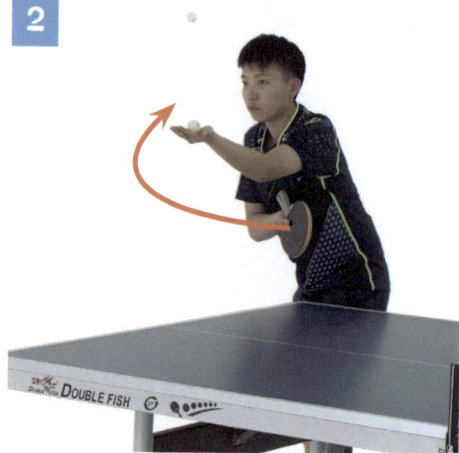

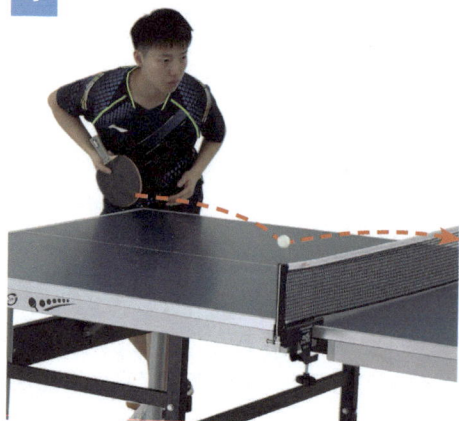

动作讲解

高抛发球具有抛球高、球速快、旋转强、变化多等特点，其技术重点在于准确地把握击球时间。

① 侧身站在球台左角外侧，两脚分开，与肩同宽，左脚在前。上身前倾，右手以横拍方式握拍，左手掌心托球置于身体左前侧。

② 垂直向上高抛乒乓球，然后略向右转身，重心随之移动到右脚，同时抬起大臂，球拍从身前方移动到右肩的后上方，完成引拍。

③ 在球落至与球网同高或略比球网低的位置时，回身，身体重心从右脚向左脚转移，在近腰处正手击球。

④ 击球后顺势向前挥拍，然后迅速还原。

练习

034 横拍正手发不转球

扫码看视频

基本姿势与球性练习

步法

发球技术

击球技术

综合练习

常用战术

直拍与削球

动作讲解

① 站在球台左角外侧，两脚分开，与肩同宽，左脚在前。屈膝，降低重心，上身前倾，含胸收腹，右手以横拍方式握拍，左手掌心托球置于身体左前侧。

② 抛球，身体稍向右转，重心移至右脚，带动右臂后引，同时手腕放松并略微外旋，使拍面后仰。

③ 在球从最高点落至稍高于球网或与球网同高的位置时，身体回转，向前下方挥拍。击球时，拍面直立或略微后仰，用球拍靠近拍柄的位置击球的中部，以球心为作用点向前推出。注意要尽量减少向下摩擦的力，以形成不转球。

④ 击球后，继续挥拍向下发力，然后迅速还原。

练习

035 横拍反手发不转球

扫码看视频

动作讲解

①~④ 不管是用正手还是反手，发不转球使用的技巧是相同的，即让拍面直立或略微后仰，用球拍靠近拍柄的位置击球的中部，再以球心为作用点向前推出。击球时，要尽量减少向下摩擦的力，以形成不转球。只不过反手发球时的站位及引拍动作与正手发球不同，反手发球时，要站在左半台靠左的位置，抛球后身体稍向左转，重心移至左脚，右手随之向左上方引拍，直至球拍靠近左肩，之后向前下方挥拍。

036 横拍正手发左侧下旋球

扫码看视频

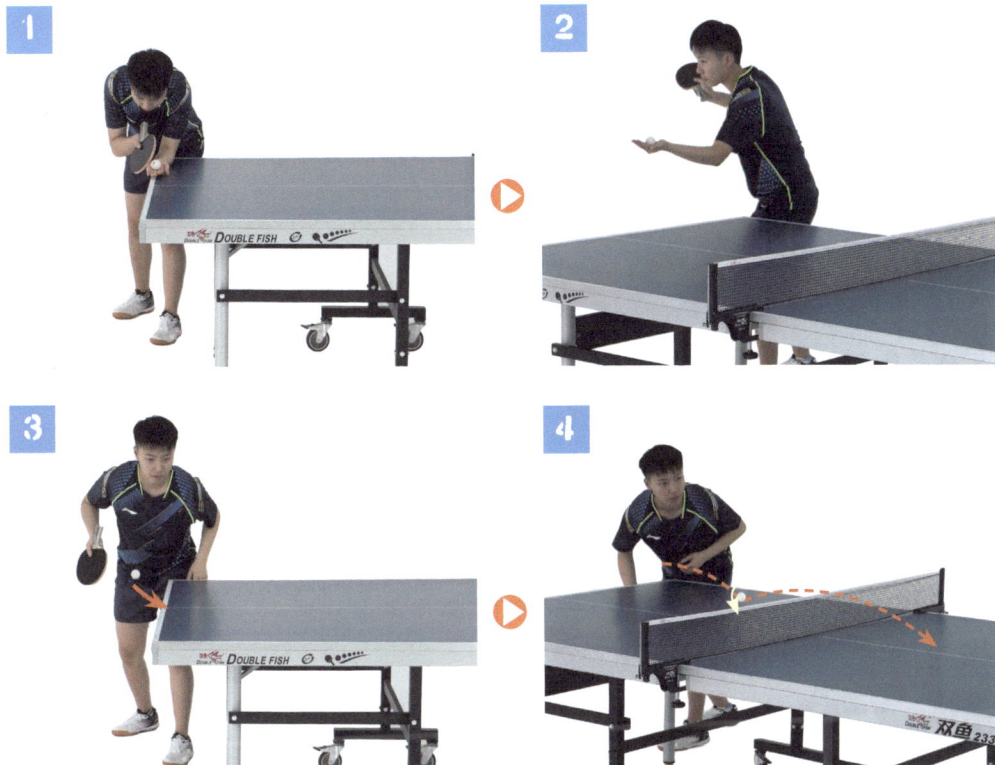

基本姿势与球性练习

步法

发球技术

击球技术

综合练习

常用战术

直拍与削球

动作讲解

①～④ 横拍正手发左侧下旋球和横拍正手发左侧上旋球除了挥拍与击球环节有所不同外，其他步骤基本相同。如果想要发出下旋球，则拍面要后仰。击球时，用球拍靠近拍头的位置摩擦球的中下部，同时手腕与手指向左前下方发力，加强下旋。击球后，继续挥拍向左前下方发力，然后迅速还原。

◉ 击球轨迹

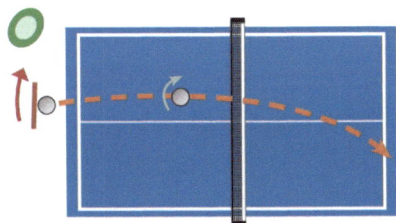

037 横拍正手发左侧上旋球

扫码看视频

动作讲解

① 站在球台左角外侧，两脚分开，与肩同宽，左脚稍微靠前。屈膝，降低重心，上身前倾，右手以横拍方式握拍，左手掌心托球置于身体左前侧。

② 将乒乓球向上抛起，身体向右转，重心移至右脚。同时，右臂上抬，向身体的右后上方引拍，肘关节自然弯曲，小臂外旋，手腕放松，使拍面略微后仰或直立（上图为过程图，未展示全部动作）。

⊙ 侧面示范

小提示

引拍时，需要充分转体，同时右臂上抬，肘关节自然弯曲，使小臂与地面平行，向右后上方引拍，增大引拍距离。

发上旋球时，应使拍面略微后仰或直立，击球的中部或中上部，并向左前上方发力摩擦球，之后顺势挥拍，向前推球。

基本姿势与球性练习

步法

发球技术

击球技术

综合练习

常用战术

直拍与削球

动作讲解

③ 在球从最高点落至稍高于球网或与球网同高的位置时，回身，大臂保持水平，以肘关节为支点，小臂向左前上方发力，拍面略微后仰或直立，用球拍靠近拍柄的位置击球的中部或中上部，同时向左侧微勾手腕，加强上旋。

④ 击球后手臂继续前推，之后迅速还原。

⊙ 击球轨迹

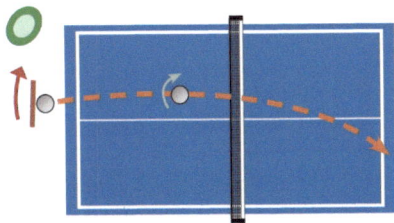

中／中上部

038 横拍反手发右侧上旋球

扫码看视频

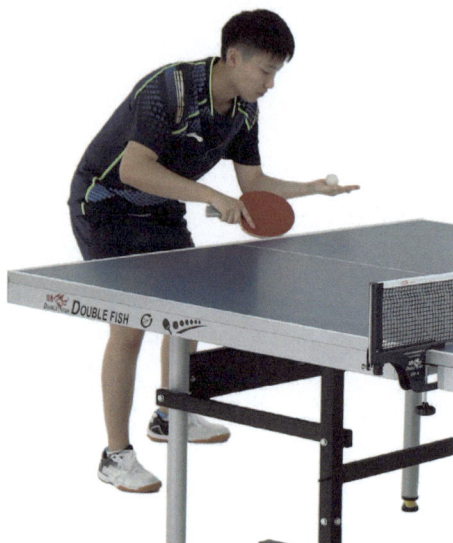

1

2

动作讲解

① 站在左半台靠左侧，两脚分开，与肩同宽，右脚在前。屈膝，上身前倾，含胸收腹，右手以横拍方式握拍，左手掌心托球置于身体前方。

② 将乒乓球向上抛起，之后身体向左转，重心在右腿，右侧手臂向内折叠，肘部略向上提，带动右臂向左后上方引拍，直至球拍靠近左肩，同时放松手腕，身体带动手移动，并使拍面自然后仰。

小提示

引拍时，转体要充分，以便利用转体的力量。此外，引拍位置不可过低且距离不可过短，向左后上方引拍至左肩前方为最佳。

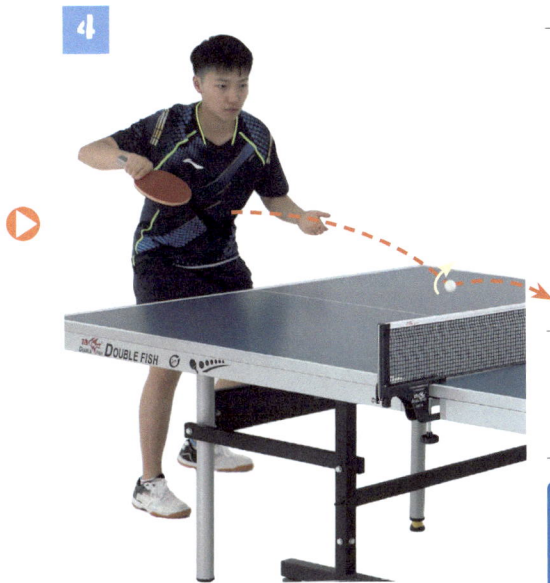

基本姿势与球性练习

步法

发球技术

击球技术

综合练习

常用战术

直拍与削球

动作讲解

③ 在球从最高点落至稍高于球网或与球网同高的位置时，右手手腕内旋，使拍面略微后仰直立，向右前上方挥拍。击上旋球时，要用球拍的中上部击球的中部或中上部，并向右前上方摩擦球。

④ 击球后继续向右前上方发力，之后迅速还原。

小提示

发上旋球时，球拍要略微后仰直立，且要向右前上方发力摩擦球。在触球瞬间，手腕与手指猛地发力抖动，摩擦乒乓球，加强上旋。

◉ 击球轨迹

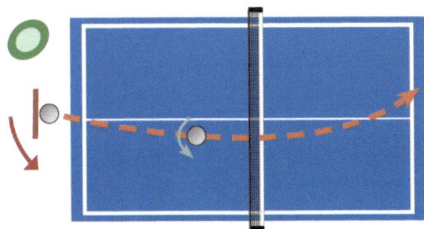

中 / 中上部

039 横拍反手发右侧下旋球

扫码看视频

动作讲解

①~④ 横拍反手发右侧下旋球和横拍反手发右侧上旋球除了挥拍与击球环节有所不同外，其他步骤基本相同。如果想要发出下旋球，则拍面要大幅后仰至平行，用球拍靠近拍头的位置击球的中下部，击球瞬间手腕与手指向右前下方发力，加强下旋。击球后，继续挥拍向右前下方发力，然后迅速还原。

⊙ 击球轨迹

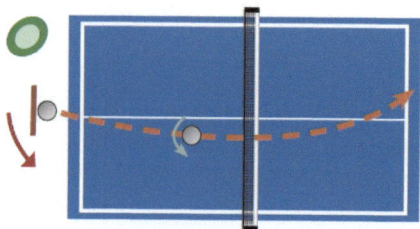

中下部

040 横拍反手发上旋球

扫码看视频

基本姿势与球性练习

步法

发球技术

击球技术

综合练习

常用战术

直拍与削球

动作讲解

① 站在左半台靠左侧，两脚分开，与肩同宽，右脚稍靠前。屈膝，上身前倾，右手以横拍方式握拍，左手掌心托球置于身体前方。

② 将乒乓球向上抛起，然后身体稍向左转，右侧肘关节向内弯曲，带动小臂向左上方引拍，直至球拍靠近左肩下，同时手腕内旋，使拍面后仰。

③ 在球从最高点落至稍高于球网或与球网同高的位置时，回身，重心移至右脚，肘关节带动小臂侧摆挥拍，用球拍靠近内侧的位置击球，击球瞬间迅速向上提拉球拍，摩擦球的后部。

④ 击球后迅速还原。

◎ 击球轨迹

中 / 中上部

041 横拍反手发下旋球

动作讲解

①～④ 横拍反手发下旋球和横拍反手发上旋球除了挥拍与击球环节有所不同外，其他步骤基本相同。如果想要发出下旋球，则拍面要大幅后仰至平行，向右前下方削去，用球拍外侧靠近拍头的位置摩擦球的中下部，击球瞬间手腕与手指加大发力力度，加强下旋。击球后，继续挥拍向右前下方发力，然后迅速还原。

小提示

如果想要加强球的下旋，击球时应该使拍面后仰，击球的中下部，并且手腕要在身体与小臂的带动下加速向右前下方发力。

⊙ 击球轨迹

中下部

练习

042　横拍正手发逆向侧下旋球

扫码看视频

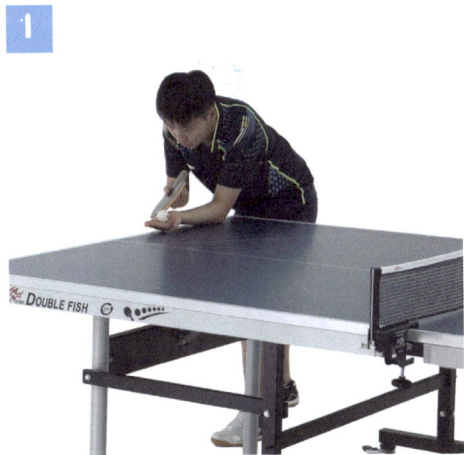

动作讲解

　　①~④ 横拍正手发逆向侧下旋球和横拍正手发逆向侧旋球除了挥拍与击球环节有所不同外，其他步骤基本相同。如果想要发出逆向侧下旋球，引拍时要架起大臂，将小臂与手腕向大臂折叠。击球时，小臂与手腕向右前方发力，同时球拍的前端向前倾斜，用球拍靠近外侧的位置摩擦球的外侧，以发出逆向侧下旋球。

基本姿势与球性练习

步法

发球技术

击球技术

综合练习

常用战术

直拍与削球

043 横拍正手发逆向侧上旋球

扫码看视频

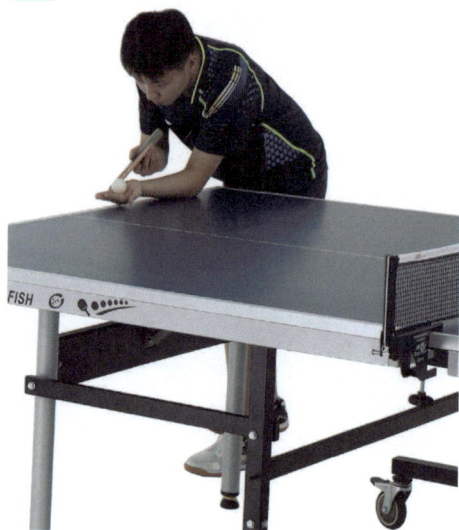

动作讲解

① 站在球台左角外侧，两脚分开，与肩同宽，左脚在前。屈膝，降低重心，上身前倾，含胸收腹，右手以横拍方式握拍，左手掌心托球置于身体左前侧。

② 将乒乓球向上抛起，身体稍向右转，重心移至右脚，手臂随之后引。此时，肘部要上提并向内弯曲，使大臂充分内收，且小臂与手腕内收，使球拍移至身体的右侧。

⊙ 侧面示范

小提示

发逆向侧旋球时，球拍要向身体内侧摆动，这需要手腕具有一定的力量与较好的柔韧性，所以在学习这项技术之前可以先进行一些针对手腕的专项练习。

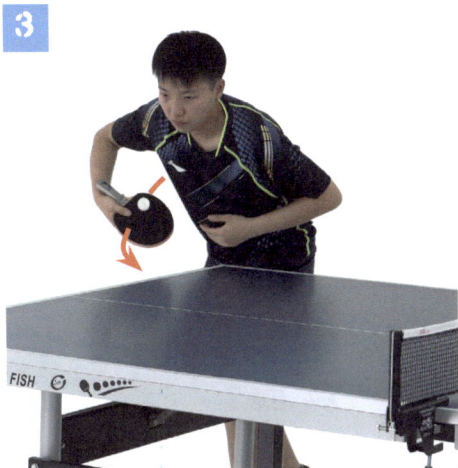

基本姿势与球性练习

步法

发球技术

击球技术

综合练习

常用战术

直拍与削球

动作讲解

③ 在球从最高点落至稍高于球网的位置时，迅速回身，大臂尽量保持水平，通过伸肘和伸腕使小臂与手腕向右前下方发力，在身体前方不远处击球。击球时，迅速出前臂、手腕，摩擦球的外侧，使球逆向侧旋。

④ 击球后球拍顺势向前逆时针画一半弧线，然后迅速还原。

◉ 侧面示范

逆旋球

小提示

击球位置要靠近身体，在击球时，手腕要由内向外摆动，摩擦球的外侧。同时要注意，击球时，球拍要尽量与后面垂直，这样才能发出逆向侧旋球。如果球拍倾斜，那便会发出逆向侧下旋球。

044 横拍反手发逆向侧旋球

扫码看视频

动作讲解

① 站在左半台靠左侧，两脚分开，与肩同宽，右脚在前。屈膝，上身前倾，含胸收腹，右手以横拍方式握拍，左手掌心托球置于身体前方。

② 将乒乓球向上抛起，之后身体稍向左转，重心左右脚，右臂向内折叠，肘部上提，向左后上方引拍，直至球拍靠近左肩，同时手腕后压，使球拍拍头前端朝上。

◉ 正面示范

小提示

引拍时要向后弯曲手腕，使球拍几乎直立，拍头前端朝上，方便之后击球时摩擦球的外侧。

基本姿势与球性练习

步法

发球技术

击球技术

综合练习

常用战术

直拍与削球

动作讲解

③ 在球从最高点落至稍高于球网的位置时，迅速往回转身，小幅度挥动小臂向下切球，摩擦球的外侧，使球逆时针旋转。

④ 击球后球拍小幅度向前顺时针画一半弧线，然后迅速还原。

小提示

如果想要发逆向侧旋球，则手臂要小幅度向右前下方摆动，主要利用手腕的力量摩擦球的外侧。

⊙ 球的飞行轨迹

逆旋球

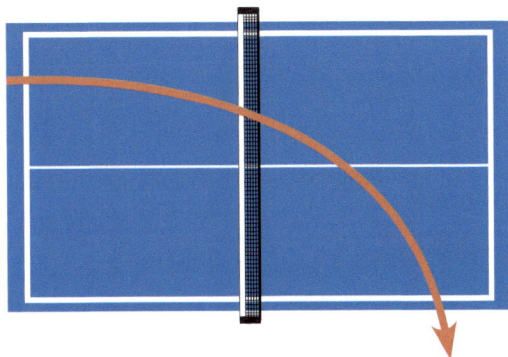

第4章
击球技术

除发球外，球员们都需回击对手的来球。此时，不仅需要过硬的技术，还要求球员们能够正确分析来球的性质及对手的意图，选用合适的技术进行回击。较高的击球技术是减少失误、破解对手战术、实施自己战术的重要基础。

练习

045 横拍正手攻球

扫码看视频

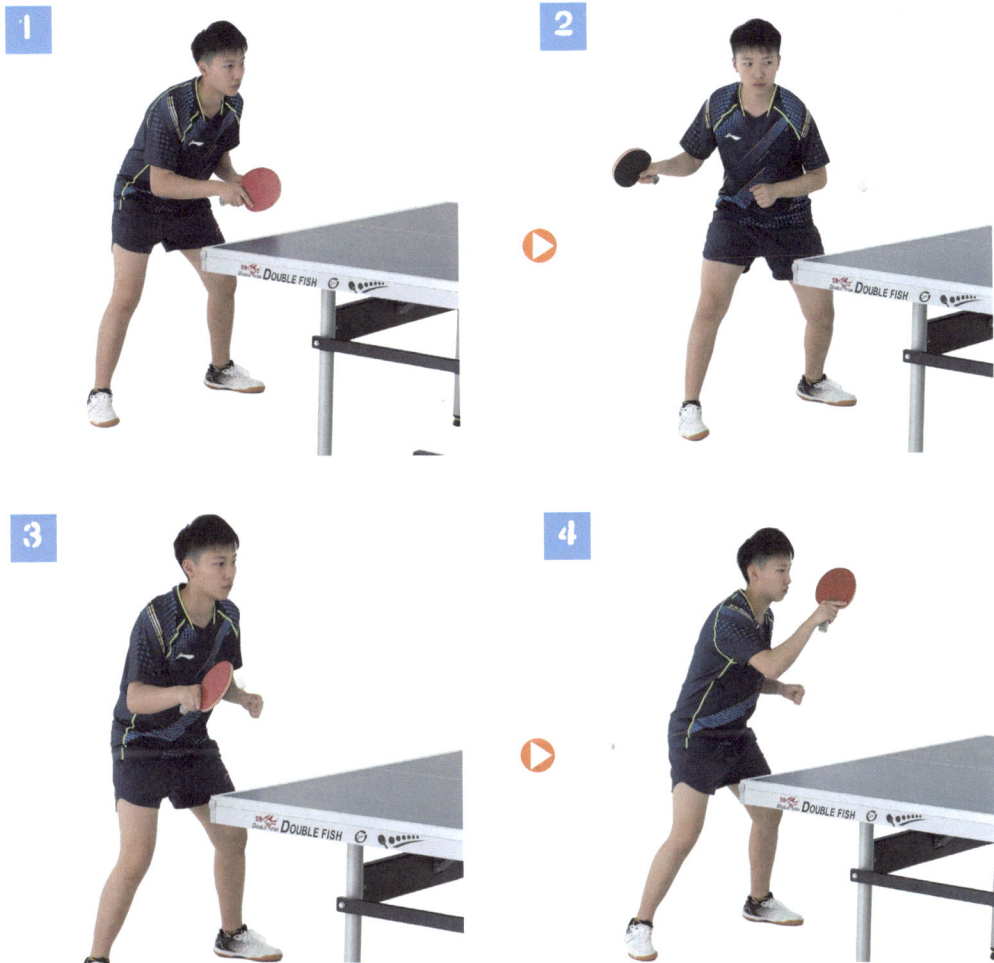

基本姿势与球性练习

步法

发球技术

击球技术

综合练习

常用战术

直拍与削球

动作讲解

正手攻球具有站位近、动作小、球速快等特点，其可以利用来球的力量进行回击，所以经常在快攻战术中被使用。

①～② 击球前，应该站在近台位置，左脚在前，双腿微屈。然后，左脚用力蹬地，身体向右转，重心随之右移，同时带动右臂后引并稍向内旋使拍面前倾，注意此时球拍不能低于球台。

③～④ 当来球将要上升至高点时，腰部迅速回转，带动手臂前摆，在身体右前方击球的中上部。击球时，手腕保持相对固定，不要甩手腕，小臂向左前上方发力挥拍。击球后，继续挥拍至左眼前方，同时重心移至左脚，最后迅速还原。

046 横拍侧身攻球

扫码看视频

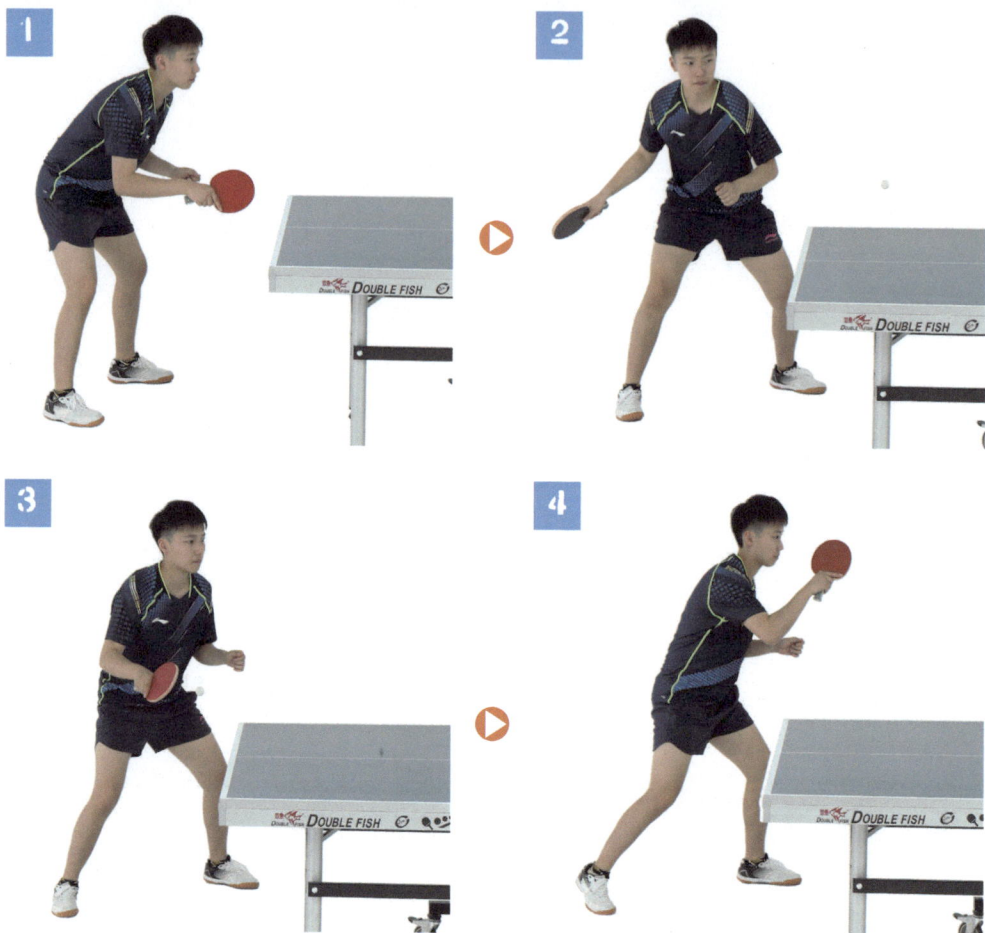

动作讲解

与正手攻球相比，侧身攻球脚步移动的范围较大，这要求球员能够流畅、稳定地调整自己的重心。

①~② 当来球落点在左半台时，快速移动到左半台靠近边角的位置，在台角外侧充分侧身。同时右臂向后引拍，观察来球，如果来球是下旋球，就将球拍立起，并引拍至低于球台的位置；如果来球是上旋球，则使球拍前倾，并引拍至大约与球台同高的位置。

③~④ 腰部向左转动，带动手臂向左前方摆动，重心随之移至左脚，利用腰、腿部转动的力量带动小臂挥拍击球。击球后，重心移至两脚之间，迅速还原。

练习

047　横拍中近台反手攻球

扫码看视频

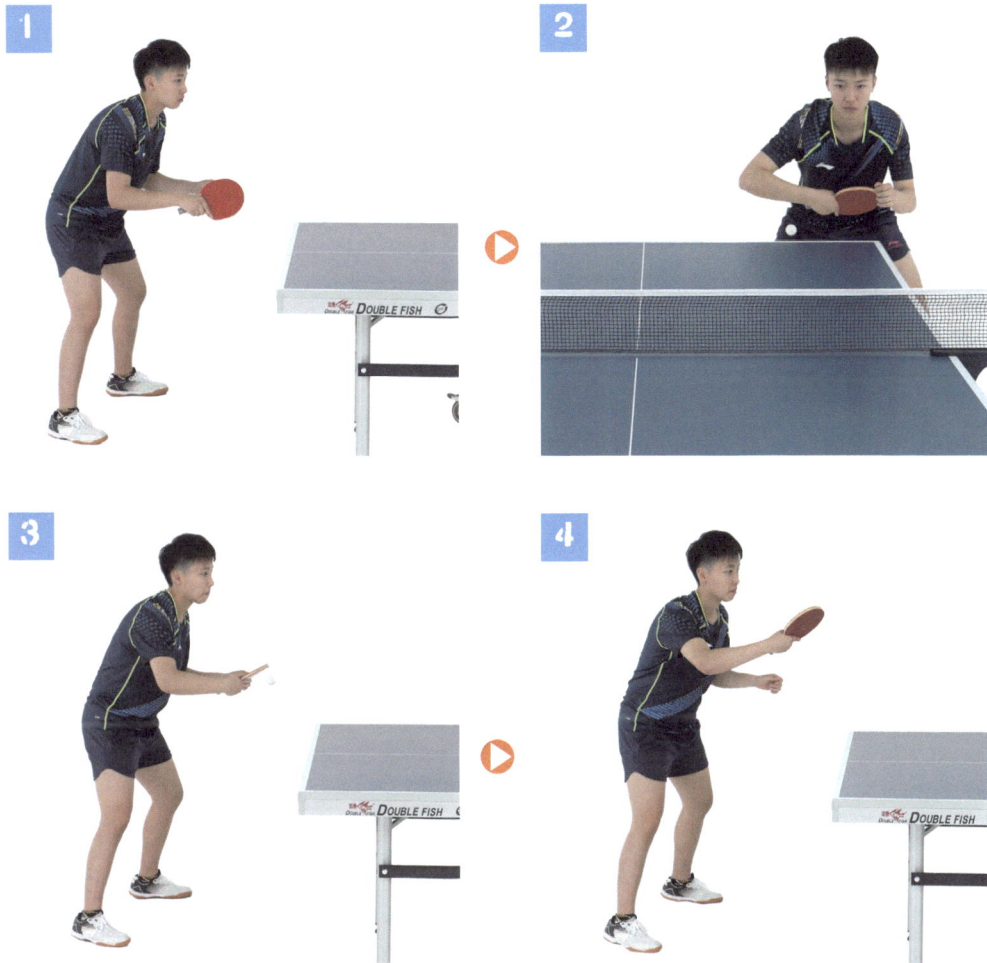

基本姿势与球性练习

步法

发球技术

击球技术

综合练习

常用战术

直拍与削球

动作讲解

反手攻球球速较快，但因为发力方向的不同，反手攻球的力量不及正手攻球。

① 击球前，要先站在中近台的位置，即距离球台 70 厘米的位置，两脚平行开立，身体稍向前倾，双膝自然弯曲。

② 右臂向左后引拍，肘关节上提，手腕内收，让球拍移动到左腹前方。

③ ~ ④ 击球时向右稍回身，同时小臂发力，从身前向前上方挥拍，球拍略微前倾，在身体前方击球。击球后，顺势向右前上方挥拍，最后迅速还原。

048 横拍正手拉球

动作讲解

① 正手拉球前，要根据来球路线选择合适的站位，挺胸收腹，两脚分开，略比肩宽，左脚在前，双膝微屈。之后腰部与髋部向右转动，把重心放在右脚上，右臂向后引拍至大腿右侧。此时，右侧大臂靠近身体，肘关节自然弯曲，右肩略微下沉，而左臂自然弯曲置于身前。

②～③ 当来球处于最高点或下降初期时，右脚用力蹬地，腰部向左回转，带动手臂向左前上方挥拍，此时小臂要自然展开。击球时，小臂迅速内收，击球的中部或中上部，并充分摩擦球。

④ 击球后，顺势挥拍至头部左侧，身体重心由右脚转移至左脚，然后迅速还原。

练习

049 横拍反手拉球

扫码看视频

基本姿势与球性练习

步法

发球技术

击球技术

综合练习

常用战术

直拍与削球

动作讲解

① 反手拉球时，最好站在中近台的位置，以方便之后的动作。在根据来球方向移动到合适的位置后，双脚打开，略比肩宽，双膝微屈，上身前倾。之后腰部与髋部向左转动，重心随之移至左脚，右臂向左下方引拍，让球拍移动到左腿前方，同时肘关节弯曲并上提，手腕内旋，使手腕向前顶起。

②～③ 当来球处于最高点或下降初期时，左脚蹬地，腰部与髋部向右回转，以肘关节为支点向右前上方挥拍，在腹部前方击球。击球时，小臂带动手腕外旋，使球拍拍面前倾，充分摩擦球。

④ 击球后，继续向右前上方挥拍，然后迅速还原。

050 横拍正手平挡

扫码看视频

动作讲解

平挡具有力量小、球速慢、旋转弱、稳定性高等特点，是常用的防守技术。

① 站在近台中间或偏左的位置，两脚开立，与肩同宽，左脚在前，双膝微屈，上身前倾，含胸收腹，并略向右转，右臂自然弯曲并内旋，使拍面直立。

② 向右转体带动右臂向后引拍，直至球拍位于身体的右前方。

③ 在来球从台面弹起、不断上升时回身，小臂向前发力，拍面直立击球的中部，将其向前推出。击球后顺势向前挥拍，然后迅速还原（上图为过程图，未展示全部动作）。

小提示

要在身体的斜前方击球。击球时，手臂保持放松，小幅度地向前摆动，主要利用来球的力量将球挡回。注意不要用力过度，以防回球出界丢分。

练习

051　横拍反手平挡

扫码看视频

基本姿势与球性练习

步法

发球技术

击球技术

综合练习

常用战术

直拍与削球

动作讲解

　　和正手平挡一样，反手平挡也是常见的防守技术之一，可以有效减慢回球速度。

　　① 反手平挡时，要站在近台左半台的位置，两脚平行开立，与肩同宽，双膝微屈，上身前倾，含胸收腹。

　　② 身体略微后引，右臂向内弯曲并外旋，使拍面略微前倾，向身体偏左的位置引拍。

　　③ 向前小幅度挥动球拍，当球处于上升高点时，在腹部前方击球。击球时，手腕放松，拍面直立击球的中部，将球向前推出（上图为过程图，未展示全部动作）。

小提示

击球时，手腕要保持一定张力，利用球拍的弹性及来球的力量将球挡回。待动作熟练后，在保证回球不会出界的情况下，可以逐渐加大击球的力度，并加强球的旋转，使反手平挡具有主动攻击性。

052 横拍正手扣高球

扫码看视频

动作讲解

扣高球具有极强的攻击性，其球速快、力量大，是非常有效的得分手段。

① 扣高球时，应根据来球位置调整与球台的距离，两脚分开，略比肩宽，左脚在前。腰与髋向右转动，将重心移至右脚，右臂抬起向右后上方引拍，将球拍置于头部的右后方。此时，右臂上举并内旋，拍面前倾，伸展肘关节，使大臂与小臂之间的夹角大于100°。

② 在来球到达高点时，右脚用力蹬地，重心向左脚转移，身体回转，带动整只手臂向左前下方挥动，在头部的左前方击球的中上部。击球时，手腕下压，充分利用转腰和蹬地的动作，最大限度地发挥手臂的力量。

③ 击球后，继续向左前下方挥动手臂，把重心放在左脚上，右脚可以顺势抬起，然后迅速还原。

练习

053　横拍正手冲球

扫码看视频

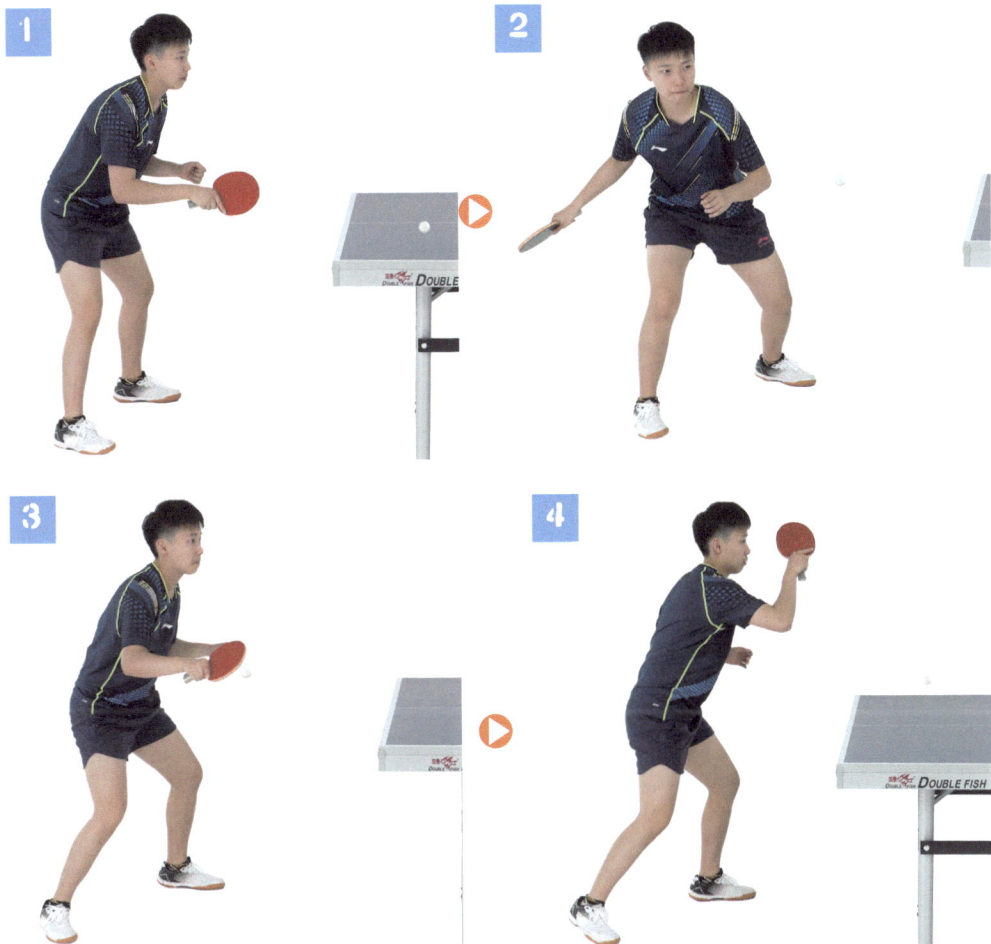

基本姿势与球性练习

步法

发球技术

击球技术

综合练习

常用战术

直拍与削球

动作讲解

冲球球速快、变化多、弧线位置低，在快攻中经常被使用。

①～② 根据来球路线，移动到合适的近台位置，两脚平行开立，与肩同宽，双膝微屈。之后，向右转身，右肩略微下沉，将重心移至右脚，右臂内旋并自然伸展，使拍面前倾，向右后下方引拍。

③～④ 在来球即将到达最高点时，腰部迅速向左回转，重心随之左移，带动右臂发力向左前上方挥拍，在身体的右前方击球。击球后，小臂继续向左前上方挥动，将重心移至左脚，然后迅速还原。

054 横拍正手搓球

扫码看视频

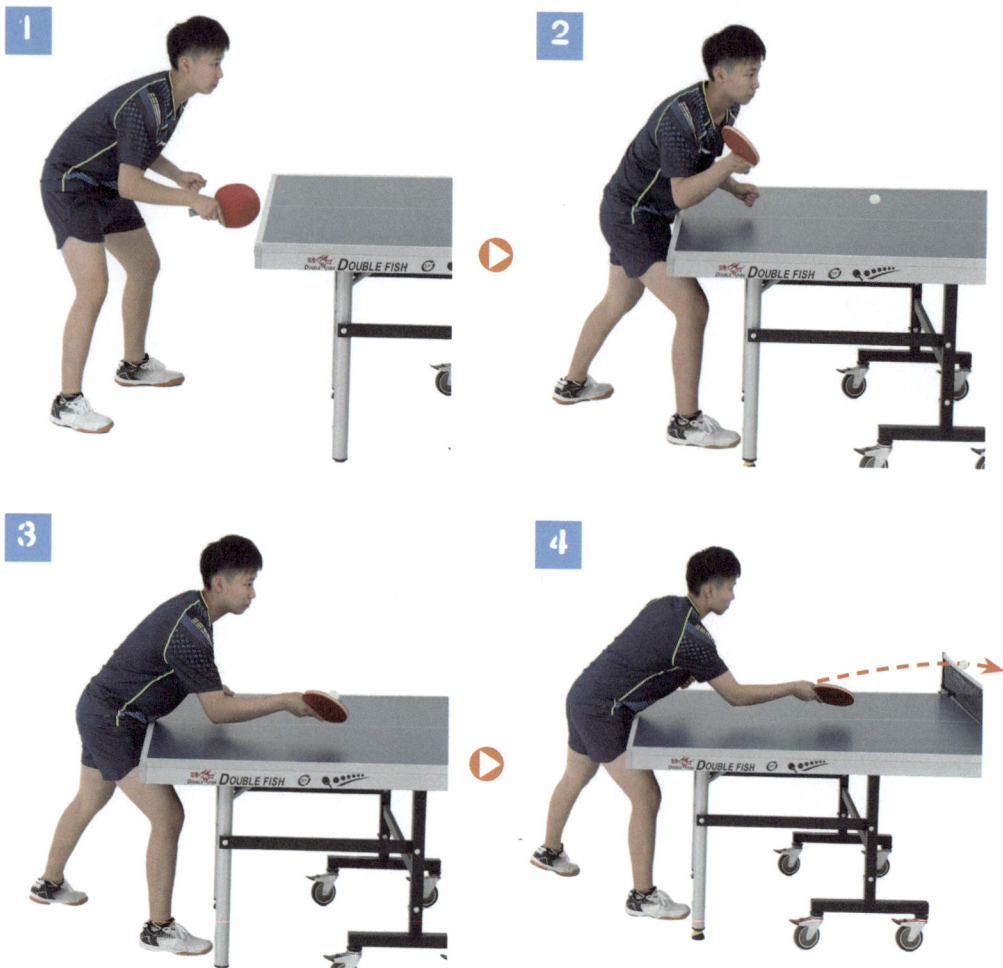

动作讲解

搓球技术一般用于接短球或下旋球，其动作简洁、出手快、球路变化多，是非常基本的技术动作。

①~② 进行正手搓球时，需要根据来球路线，右脚向前上步，并将重心放在右脚上，同时右臂外旋，使拍面后仰，稍向右后上方引拍。

③~④ 手臂前伸，向斜下方挥拍，在身体的右前方击球。击球时，小臂与手腕适当发力，用球拍底部摩擦球的中下部。

055 横拍反手搓球

扫码看视频

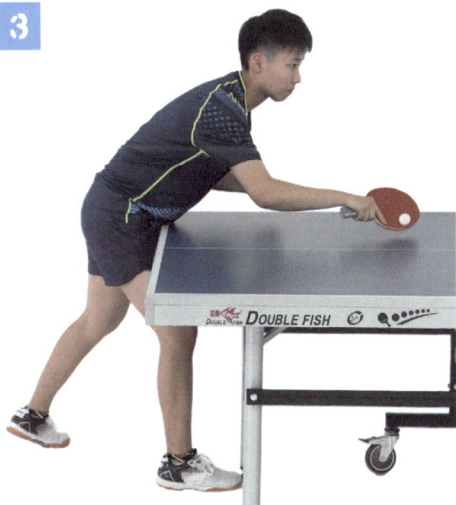

小提示

上步时，重心要随之转移，上身前倾，靠近来球。击球后，顺势挥拍的幅度要控制在较小的范围内，以便之后迅速还原。

基本姿势与球性练习

步法

发球技术

击球技术

综合练习

常用战术

直拍与削球

动作讲解

①～② 反手搓球时，首先观察来球路线，向前上步，上身前倾，并将重心放在右脚上，同时右臂内旋，手腕放松，让拍面后仰，引拍至胸前。

③ 手臂前伸，并以肘关节为支点，小臂向右前下方发力挥拍，击球的中下部。击球时，手腕向外压并向右前下方发力，食指和拇指也要略微发力，使球拍向右前下方搓去。

056 横拍正手慢搓

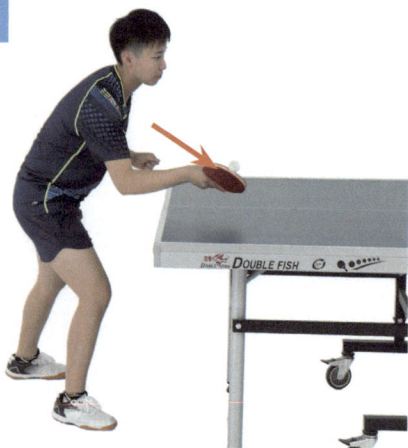

动作讲解

慢搓动作幅度大、回球球速慢、旋转变化多，通常用于应对旋转较强、线路稍长的来球。

①～② 回球前，应该根据来球路线，先移动到近台的位置，然后左脚蹬地，右脚向前迈步，重心随之移至右脚，同时右臂外旋，使拍面后仰，向身体的右后上方引拍。

③～④ 在来球到达最高点后开始下降时，上身前倾，右臂前伸，向前下方挥拍，击球的中下部，并向底部摩擦。击球后，右臂顺势向下发力，然后右脚蹬地后撤，使身体重心回到两脚之间，迅速还原。

练习

057 横拍反手慢搓

扫码看视频

动作讲解

①～② 与正手慢搓相比，反手慢搓需要向左后上方引拍，直至球拍移至左肩前，同时右臂内旋，使拍面后仰。

③～④ 在来球到达最高点后开始下降时，上身前倾，向前下方挥拍，击球的中下部，并向球的底部摩擦。击球后顺势挥拍，然后迅速还原。

练习

058 横拍正手快搓

扫码看视频

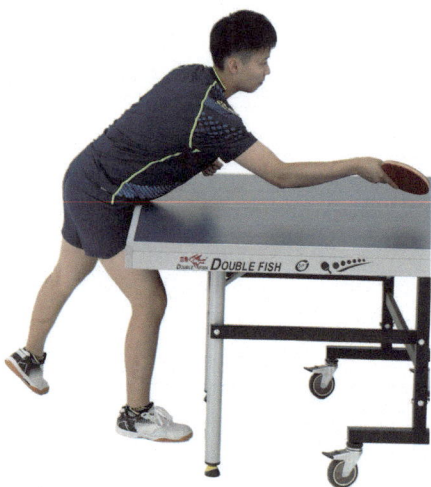

动作讲解

快搓击球早、回球球速快、变化多，能在比赛中为球员创造有利的进攻机会。

①~② 进行横拍正手快搓时，应该先移动到近台的位置，然后根据来球路线，右脚向前迈步，重心随之移至右脚，右臂自然弯曲，手腕适当向后伸展，使拍面后仰，并向身体的右后上方小幅度引拍（注意：快搓的引拍幅度要比慢搓小）。在来球即将达到上升高点时，上身前倾，右臂前伸，手腕适当发力，向前下方挥拍，击球的中下部，进行快搓。

③ 击球后，右臂顺势向下发力挥拍，但顺势挥拍的距离也要比慢搓短。然后右脚蹬地后撤，使身体重心回到两脚之间，迅速还原。

084

练习

059 横拍反手快搓

扫码看视频

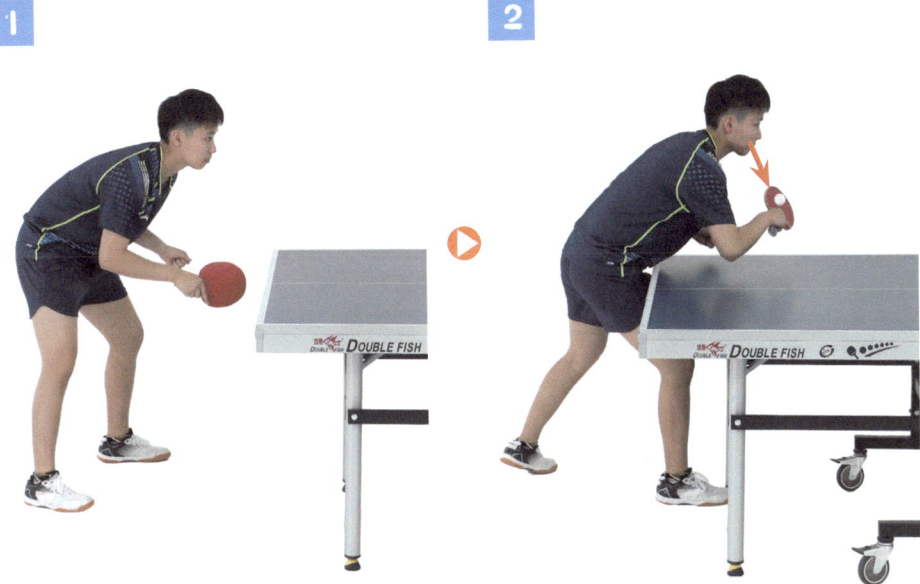

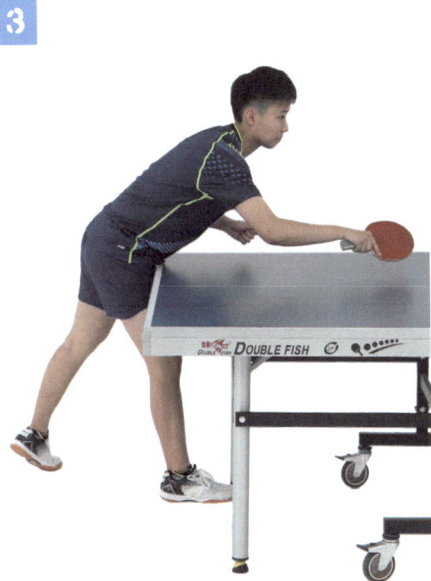

动作讲解

①～③ 与正手快搓相比，反手快搓需要向左后上方引拍，直至球拍移至左胸前方，同时右臂略微内旋，使拍面后仰。在来球即将达到最高点时，上身前倾，向前下方挥拍，击球的中下部。击球后顺势发力，然后迅速还原。

小提示

不管是正手还是反手，跟慢搓比起来，快搓的动作幅度较小、击球时间更早、回球的球速更快，但是回球的旋转往往也更弱。

基本姿势与球性练习

步法

发球技术

击球技术

综合练习

常用战术

直拍与削球

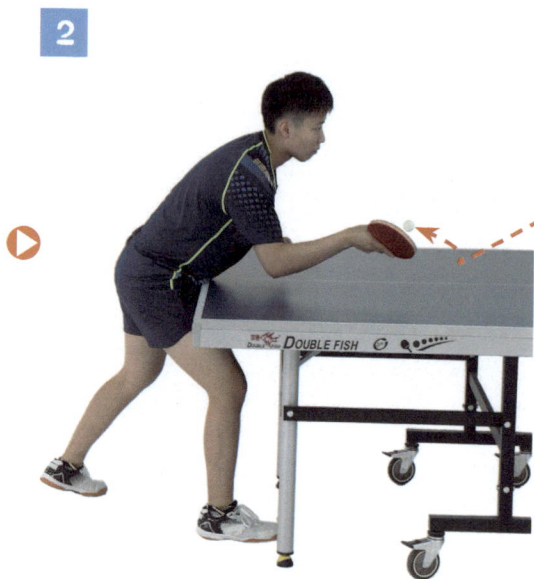

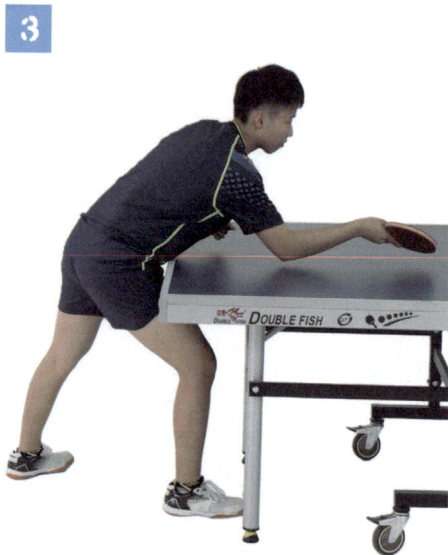

060 横拍正手摆短搓球

扫码看视频

动作讲解

摆短搓球的动作很像快搓接球，但摆短搓球的击球点要比搓球更平，在球的上升期完成击球，充分利用来球向上的反弹力，以有效回击近网短球。

①~② 正手摆短搓球时，应该先移动到近台位置，然后根据来球路线，右脚向前迈步，身体接近球台，重心随之移至右脚，右臂自然弯曲，手腕适当向后旋，使拍面后仰，并向身体的右后上方小幅度引拍。在来球刚从台面弹起时，上身前倾，右臂前伸并保持相对稳定，手腕适当发力，向前下方挥拍，击球的中下部，充分利用来球的冲力将球击回。

③ 击球后，顺势向前下方挥拍，并保证挥拍距离尽可能短，然后右脚蹬地后撤，使身体重心回到两脚之间，迅速还原。

练习

061　横拍反手摆短搓球

扫码看视频

基本姿势与球性练习

步法

发球技术

击球技术

综合练习

常用战术

直拍与削球

动作讲解

①～③ 与正手摆短搓球相比，反手摆短搓球需要向左后上方小幅度引拍，直至球拍移至左腹前方，同时右臂自然弯曲，手腕下压，使拍面后仰。在来球刚从台面弹起时，上身前倾，右臂前伸并保持相对固定，手腕适当发力，向前下方挥拍，击球的中下部。击球后顺势挥拍，然后迅速还原。

小提示

摆短搓球时，身体充分迎前，向前迈步的距离要大一些，以让身体接近球台。此外，引拍及挥拍幅度一定要小，以免打出长球。

062 横拍正手挑短球

扫码看视频

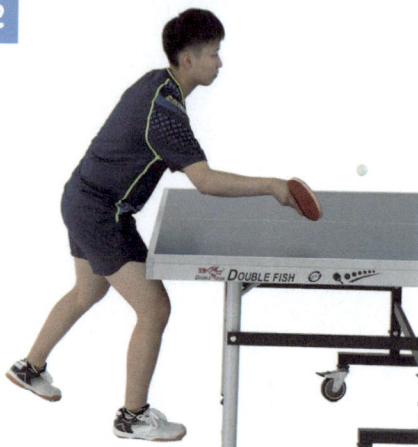

动作讲解

挑打技术经常用于处理台内球，它动作快且幅度小、回球球速快，可以为球员创造抢先进攻的机会。

①～② 横拍正手挑短球时，应根据身高选择合适的步法，将右脚迈入台内，让自己的身体向右前方靠近球台，重心随之移至右脚。然后，右臂自然弯曲，手腕外旋，让球拍略向外撇，拍面立起，向右后方引拍。

③～④ 在来球到达最高点时，上身前迎，手臂前伸，挥拍击球。击球时，手腕突然向前上方发力完成挑打动作。击球后，继续向前上方挥拍，然后右脚后撤，迅速还原。

练习

063 横拍反手侧拧

扫码看视频

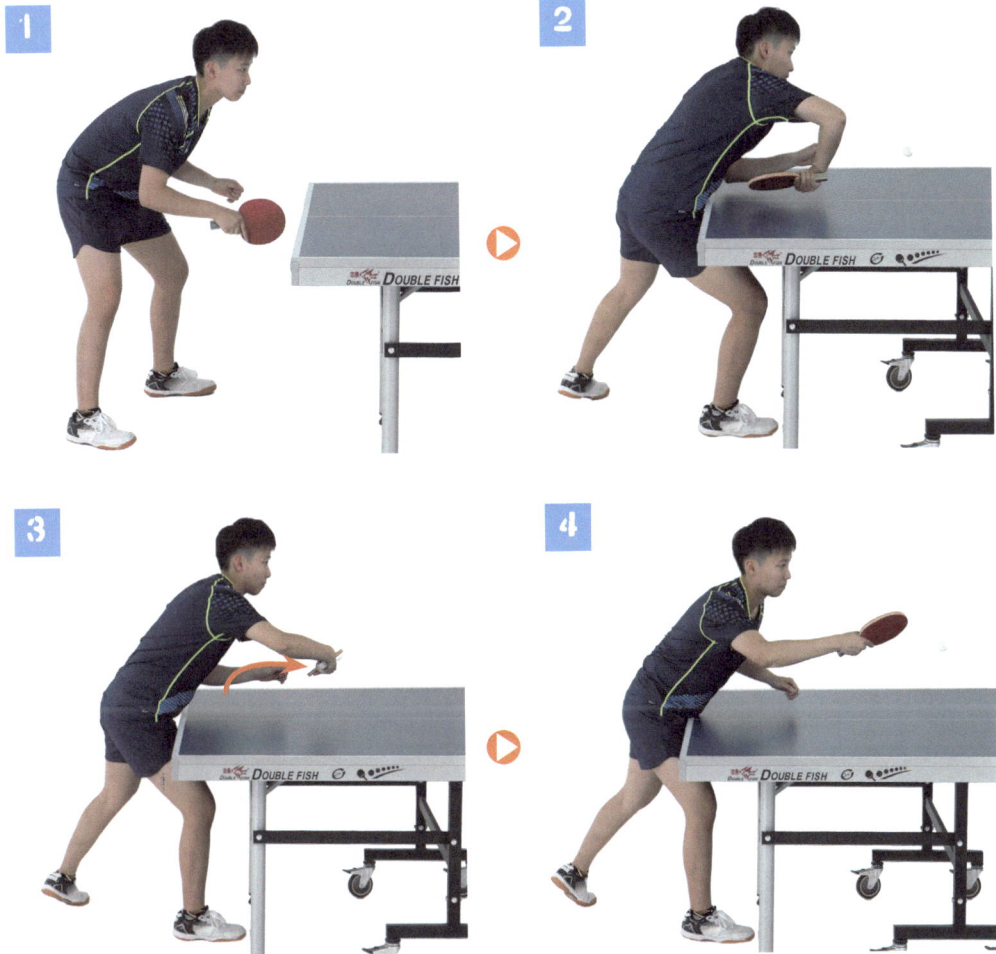

基本姿势与球性练习

步法

发球技术

击球技术

综合练习

常用战术

直拍与削球

动作讲解

反手侧拧技术常用于处理台内短球，是一项非常实用的进攻技术。

① ~ ② 击球前，右脚向前迈步，伸入台内，身体重心随之移至右脚。然后，含胸收腹，右肩稍向前顶出，右侧大臂与肘关节抬高，小臂内收，手腕充分旋转，引拍至右腹前方，并使拍头指向自己。

③ ~ ④ 在来球即将达到最高点时，以肘关节为轴，小臂带动手腕发力，用拍头沿顺时针方向画一半弧线，在腹部前方击球。击球时，使拍面前倾，摩擦球的中上部，使球带上强烈的旋转。击球后，继续向右前上方挥拍，然后右脚后撤，迅速还原。

064 横拍台内反手挑短球

扫码看视频

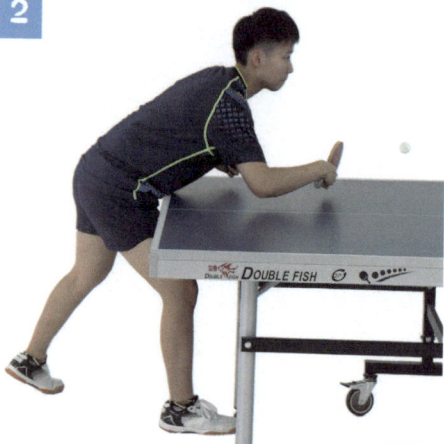

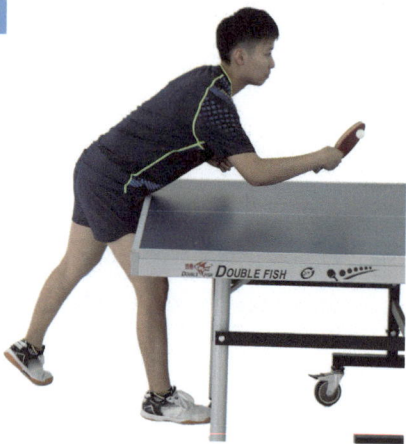

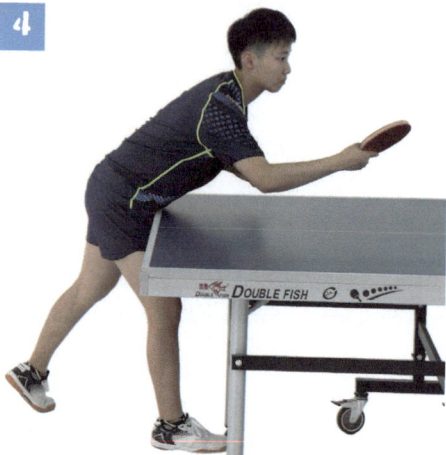

动作讲解

①~② 击球前，先根据来球路线，左脚蹬地，右脚向前迈步，伸入台内，让自己的身体靠近球台，重心随之移至右脚。弯曲右臂，肘关节向前顶去，手腕略向内勾，使拍面略微后仰，从身前略微向后引拍至左腹前方。

③ 在来球达到最高点时，上身前迎，手臂前伸，以肘关节为轴，小臂向右前上方摆动，带动手腕向外转动挥拍，用球拍的上部击球的中部或中上部，完成挑打动作。注意，击球时手腕不能用力过度，要保证手腕能够灵活转动。

④ 击球后，前臂带动手腕继续向右前上方挥拍，然后右脚后撤，迅速还原。

练习

065 横拍正手快带

扫码看视频

基本姿势与球性练习

步法

发球技术

击球技术

综合练习

常用战术

直拍与削球

动作讲解

快带动作幅度小且速度快，回球弧线位置低、落点选择多，是一种被迫反攻的技术，可以帮助球员由被动转为主动。

① 站位近台，两脚打开，略比肩宽。

② 微微向右转身，向右后方引拍，使球拍稍低于球台，引拍动作不宜过大。右臂自然弯曲并内旋，使拍面略微前倾（上图为过程图，未展示全部动作）。

③ 在来球还处在上升期时，大臂向内靠近身体，腰部、髋部向左转动，带动小臂向左前上方发力挥拍，在身体的右前方击球。击球时，手腕相对固定，主要依靠小臂的力量挥拍，击球的中上部，击球点靠前，并向左前上方摩擦球。击球后，小臂继续向左前上方发力，然后迅速还原。

066 横拍反手快带

1

2

3

4

动作讲解

①~② 横拍反手快带时，在近台位置准备好后，身体微微向左转，右侧小臂外旋使手心朝上，手腕内勾，使拍面接近水平，并向左后方引拍，直至球拍移至腹部左前方。

③~④ 在来球处在上升期时，腰部与髋部向右转回，小臂发力向右前上方挥拍，手腕保持相对静止，拍面前倾，在胸前击球的中上部，并向右前上方摩擦球。击球后，小臂继续向右前上方发力，然后迅速还原。

练习

067 横拍正手拉下旋球

扫码看视频

基本姿势与球性练习

步法

发球技术

击球技术

综合练习

常用战术

直拍与削球

动作讲解

①~② 正手拉下旋球时，首先应该根据来球路线移动到合适的位置，两脚分开，略比肩宽，屈膝，上身前倾。然后，腰部与髋部向右转动，重心随之移至右脚，并带动右臂向后引拍，直至球拍移至右膝后方。引拍时，大臂要靠近身侧，肘关节打开。

③~④ 在来球到达最高点后开始下降时，回身，重心由右脚转移至左脚，带动手臂向左前上方发力，小臂放松，使球拍在身体的右侧画一弧线，并在身体右前方击球。击球时，拍面略微前倾，充分摩擦球。击球后，顺势挥拍至头部左侧，身体重心由右脚转移至左脚，然后迅速还原。

068 横拍反手拉上旋球

扫码看视频

1

2

动作讲解

①～② 横拍反手拉上旋球时，首先应该根据来球路线移动到合适的位置，两脚分开，略比肩宽，双膝微屈，上身微微前倾。然后，腰部向左转动，右肩下沉，右臂弯曲，并向左后下方引拍，但右手不宜比台子低，直至球拍移至腹部左前方；同时手腕内勾，使拍面略微前倾。

小提示

回拉上旋球时，需要利用身体蹬转的力量，带动手臂、手腕击球，使乒乓球带上一定的旋转。所以在击球前移动到合适的位置后，如果站位近台，手臂从身前小幅度挥拍即可；如果站位远台，那引拍时小臂要大幅度往后，击球时手臂摆动的幅度也需适当增大。但无论站位如何，都要使拍面前倾，在身体的正前方击球。

基本姿势与球性练习

步法

发球技术

击球技术

综合练习

常用战术

直拍与削球

动作讲解

③～④ 在来球即将达到最高点时，腰部向右回转，向右前上方挥拍，在腹部前方击球，并摩擦球的中上部，使其带有上旋。击球时，手腕外旋，使拍面前倾幅度增大，双脚用力蹬地，让身体向前上方顶去，右臂以肘关节为轴，快速发力带动手腕扭动发力。反手拉上旋球时，水平方向的摩擦较多。

⊙ 击球轨迹

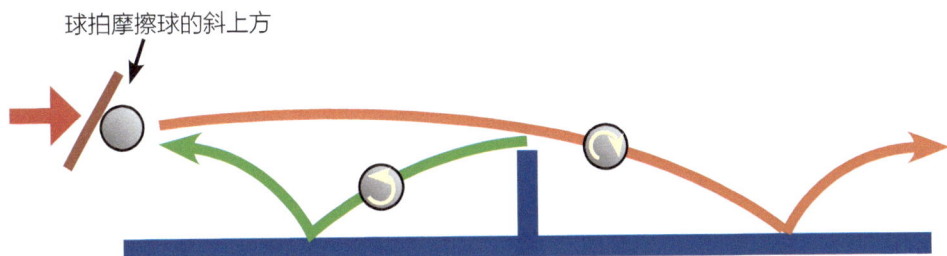

球拍摩擦球的斜上方

069 横拍反手拉下旋球

扫码看视频

动作讲解

①~② 根据来球路线移动到合适的位置，两脚分开，略比肩宽，屈膝，降低身体重心。引拍时，继续降低身体重心，腰部与肩膀同时向左转动，重心随之移至左脚，向左后下方引拍，使球拍移至左侧大腿前方。同时，手腕内旋，使拍面前倾至接近水平状态，并使球拍低于球台。

小提示

跟反手拉上旋球相比，反手拉下旋球时身体的上下起伏更大，击球时拍面前倾幅度更小，更倾向于垂直立起以削球的斜下方，且在垂直方向上对球的摩擦较多，不然回球容易下网。因为上旋球与下旋球的接球方式不同，所以回球前一定要看清来球的旋转方向，随机应变，选择合适的打法。

基本姿势与球性练习　步法　发球技术　击球技术　综合练习　常用战术　直拍与削球

动作讲解

③~④ 在来球即将达到最高点时，腰部向右回转，左脚蹬地，重心逐渐向右转移，以肘关节为支点，小臂与手腕用力向右前上方摆动。击球后，顺势向斜上方挥拍，然后迅速还原。此外，如果想要让回球准确落在对方的半台上，可以通过弧圈球回球，击球时将重心放在两脚之间，以保持稳定的击球姿势。

◉ 击球轨迹

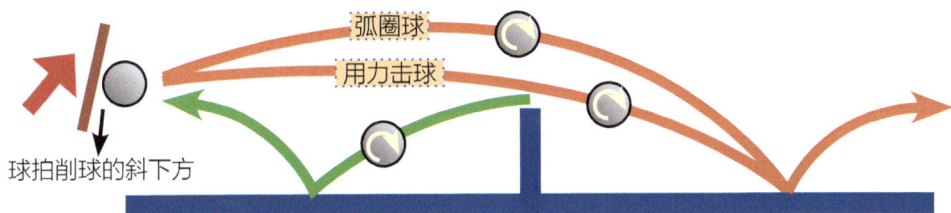

弧圈球

用力击球

球拍削球的斜下方

070 横拍侧身拉下旋球

扫码看视频

动作讲解

①~② 横拍侧身拉下旋球时,首先需要根据来球路线,移动到球台左角外侧,侧身朝向球桌,左脚在前,屈膝,降低身体重心。然后,腰部与髋部向右转动,重心随之移至右脚,并带动右臂向后引拍,直至球拍移至右膝的后方。引拍时,大臂要靠近身体,肘关节打开。

③~④ 在来球到达最高点后开始下降时,向左转身,重心由右脚向左脚移动,大臂带动小臂,向左前上方挥拍,在身体右前方击球。击球时,拍面略微前倾,充分摩擦球。击球后,顺势挥拍至头部左侧,身体重心由右脚移至左脚,然后迅速还原。

练习

071 横拍侧身拉上旋球

扫码看视频

基本姿势与球性练习

步法

发球技术

击球技术

综合练习

常用战术

直拍与削球

动作讲解

①~② 横拍侧身拉上旋球时，首先需要根据来球路线，移动到球台左角外侧，侧身朝向球桌，左脚在前，双膝微屈，略微降低身体重心。然后，腰部与髋部向右转动，重心随之移至右脚，并带动右臂向后引拍，直至球拍移至右腿的斜后方。引拍时，大臂自然伸直，肘关节打开。

③~④ 在来球从球台弹起时，向左转身，重心由右脚向左脚移动，大臂带动小臂，向左前上方挥拍，在腰部右前方击球。击球时，手腕内旋，增大拍面的前倾幅度，拇指与食指指尖发力，充分摩擦球。击球后，顺势挥拍至头部左侧，身体重心由右脚移至左脚，然后迅速还原。

072 横拍正手拉加转弧圈球

扫码看视频

动作讲解

加转弧圈球上旋强烈、飞行弧线位置高、球速较慢，是回击下旋球与削球的有效手段。

① 击球前，应该根据来球路线移动到中台位置，两脚分开，略比肩宽，左脚在前。

②~③ 向右转身，右肩下沉，右臂自然向下、向身体的右后下方引拍，使球拍移至右腿后侧，同时使拍面前倾。引拍时，要逐渐降低自己的重心，并使重心向右移动，最后以左脚脚尖点地并屈膝，几乎完全将重心放在右脚上。

基本姿势与球性练习

步法

发球技术

击球技术

综合练习

常用战术

直拍与削球

动作讲解

④ ～ ⑤ 在来球处于下降初期时，右脚蹬地，向左转身，重心随之左移，大臂带动小臂向左前上方挥拍，在身体的右前方用拍头击球。击球瞬间，小臂立即向内收，并摩擦球的中部或中上部。击球后，继续向左前上方挥拍至额头的左前方，然后迅速还原。

小提示

应多向右后下方引拍。击球时，拍面略微前倾，以摩擦球并制造旋转为主。击球后，顺势挥拍的距离应相对较长。

073 横拍反手拉加转弧圈球

扫码看视频

动作讲解

① 横拍反手拉加转弧圈球前，应该站位中台，双膝微屈，两脚开立，与肩同宽，上身略向前倾。

②~③ 重心微微向左压；同时，右肩下沉，右臂自然向内弯曲，肘关节上抬并略微向外顶出，从身前向左后下方引拍至大腿前侧。此时，手腕下压并外旋，使手心朝上拍面水平或略微前倾。

基本姿势与球性练习

步法

发球技术

击球技术

综合练习

常用战术

直拍与削球

动作讲解

④～⑤ 在来球处于下降初期时，收腹，两脚向上蹬地发力，向右转身，同时以肘关节为支点并保持相对稳定，小臂向右前上方挥动。此时，手腕应该充分转动使拍面前倾，在身体的正前方击球的中部或中下部。击球后，继续向右前上方挥拍至头部右侧，然后迅速还原。

小提示

挥拍时，要充分利用蹬地与转身的力量，小臂以向上发力为主，同时略微向前发力，最后在身体正前方击球。

074 横拍正手前冲弧圈球

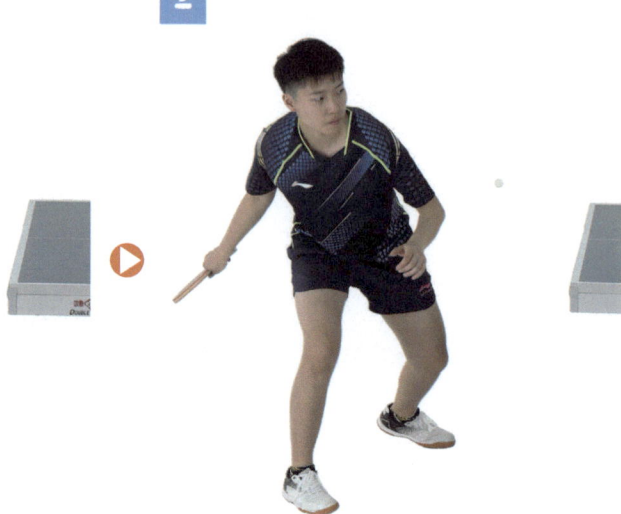

动作讲解

正手前冲弧圈球具有动作快，回球球速快、弧线位置低、上旋强、攻击性强等特点，其能够将力量、速度、旋转等特性有效地结合在一起，帮助球员展开强有力的进攻。

①～② 移动到近台位置，两脚分开，略比肩宽，左脚在前，双膝微屈。然后，左脚蹬地，向右转髋、转肩，使重心落到右脚上，右肩下沉，右臂自然伸展，右臂跟随身体转动向右后方引拍，并使拍面前倾。注意，引拍除了向右后方外，微微向下即可；球拍位置不需要太低，但要低于来球。

小提示

引拍时手腕外展，使拍面前倾；引拍以向右后方为主，同时略微向下。如果想使回球力量较大，那可以适当加大引拍距离，并且可以提前挥拍击球，以防挥拍过晚使回球质量过低。挥拍时，要充分利用转腰与蹬地的力量，在来球上升后期击球，并多向前发力。

基本姿势与球性练习

步法

发球技术

击球技术

综合练习

常用战术

直拍与削球

3

4

动作讲解

③～④ 在来球即将达到最高点时，右脚蹬地，身体向左转动，重心随之左移，大臂带动小臂加速向左前上方挥拍，在身体右前方击球。击球时，拍面前倾的幅度要较大，并且小臂与手腕应迅速内收，以充分摩擦球的中上部。击球后，顺势挥拍至头部左侧，将重心转移至左脚，最后用左脚蹬地，让重心回到两脚之间，迅速还原。

◎ 击球轨迹

075 横拍反手前冲弧圈球

扫码看视频

动作讲解

①～② 根据来球路线移动到合适的位置，两脚分开，略比肩宽，左脚在前，双膝微屈。然后，腹部收紧，向左转肩，重心随之向左移动，右肩下沉，右臂向左下方引拍，直至球拍移至腹部左前方，同时手腕外旋，使手心朝向上方、拍面前倾。

③～④ 在来球达到最高点后，向右回身，同时两脚蹬地，充分利用蹬地与转腰的力量，向右前上方挥拍，在身体前方击球的中上部。击球时，应该多向前发力，减少向上的力，以充分摩擦来球。击球后，继续向右前上方挥拍至头部右侧，重心移至右脚，然后迅速还原。

练习

076 横拍正手反拉弧圈球

扫码看视频

基本姿势与球性练习

步法

发球技术

击球技术

综合练习

常用战术

直拍与削球

动作讲解

反拉弧圈球具有回球速度快、旋转强、攻击力强等特点，其经常用于回击加转弧圈球，可帮助球员顺利完成攻防转换。

①~② 移动到中远台位置，两脚分开，略比肩宽，左脚在前，双膝微屈。然后，腰部向右转动，重心随之右移，右臂适当抬高，向身体的右后方引拍。

③~④ 在来球即将达到最高点时，回身，充分利用腰部转动的力量，向左前上方挥拍，在身体右侧击球的中上部。击球时，右手紧握球拍，小臂与手腕保持相对固定，拍面以稳定的前倾状态击球，充分摩擦球。击球后，顺势挥拍至头部左侧，重心移至左脚，然后迅速还原。

077 横拍正手中远台对拉弧圈球

扫码看视频

1

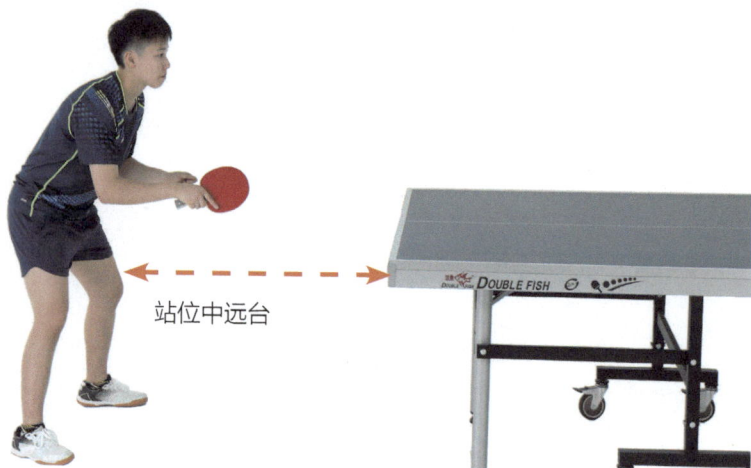

站位中远台

2

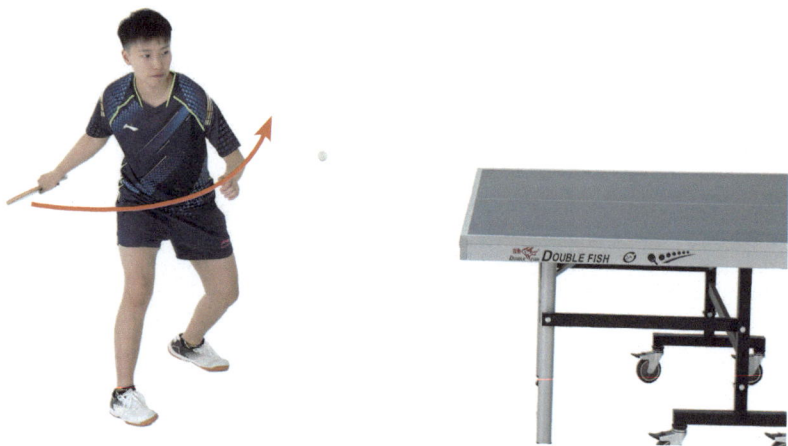

动作讲解

中远台对拉弧圈球虽然球速较慢，但具有很强的旋转及力量，反弹后也有一定的前冲力，是扭转场上被动局势的有效办法，也是弧圈球球员的必备技术。

①~② 根据来球路线，移动到中远台位置，两脚分开，略比肩宽，双膝微屈。然后，左脚蹬地，身体向右转动，重心随之右移，右臂向身体的右后方引拍，肘关节自然打开，并使球拍低于来球。

小提示

右臂肘关节打开，引拍以右后方为主，同时需略向下，使球拍低于来球。

3

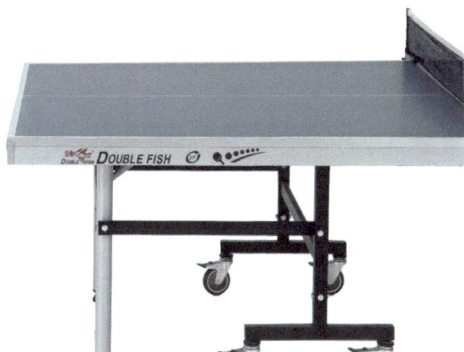

4

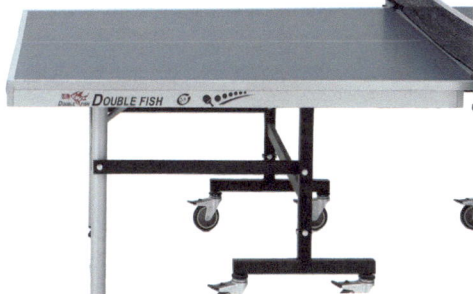

基本姿势与球性练习

步法

发球技术

击球技术

综合练习

常用战术

直拍与削球

动作讲解

③~④ 在来球达到最高点或处于下降初期时，右脚蹬地，身体向左回转，重心随之左移，同时充分利用转腰、蹬地的力量，小臂向左前上方挥拍，在身体的右前方击球。注意，击球时要以摩擦为主。击球后，顺势挥拍至头部左侧，重心移至左脚，然后迅速还原。

078 横拍反手反拉弧圈球

扫码看视频

动作讲解

①~② 根据来球路线，移动到中远台位置，两脚分开，略比肩宽，双膝微屈。然后，向左转肩，重心随之向左移动，右臂向左下方引拍，直至球拍移至腹部左前方，并使球拍高于台面。

③~④ 在来球即将达到最高点时，向右回身，同时左脚蹬地，使身体向上顶起，小臂与手腕以相对固定的姿势一同迅速向外展开，小臂以肘关节为支点向右前上方发力挥拍，击球的中上部，充分摩擦球。击球后，继续向右前上方挥拍至头部右侧，重心移至右脚，然后迅速还原。

第 5 章
综合练习

如果球员想在比赛中取得胜利，就需要灵活运用各种技术，必要时还需要将各种技术结合在一起使用。这就要求球员在训练时，不仅要进行基本动作的单独练习，还要将各种基本动作与技术结合在一起进行综合训练。

079 横拍两面拉上旋球

扫码看视频

动作讲解

①~④ 站位近台，双膝微屈，降低自己的重心。然后，腰部向左转动，右肩下沉，弯曲右臂，手腕内旋，使拍面前倾，引拍至腹部左前方。在来球即将达到最高点时，腰部向右回转，肘部带动小臂摆动，向右前上方挥拍，在身体前方击球并摩擦球的中上部，使其带有上旋。

基本姿势与球性练习

步法

发球技术

击球技术

综合练习

常用战术

直拍与削球

动作讲解

　　⑤ 迅速还原，然后用左脚蹬地，通过并步向右移动，根据来球路线移动到适合正手击球的位置。

　　⑥ ～ ⑧ 将重心放在右脚上，向右转身，手臂向后引拍，使球拍移至右侧大腿的斜后方。当球处于最高点或下降初期时，右脚蹬地，向左转身，重心随之左移，带动右臂向左前上方挥拍，并在胸部右前方击球。击球时，球拍适当前倾。击球后，顺势挥拍至头部左侧，重心放在左脚上，然后迅速还原。

080 横拍正手发下旋球后正手抢拉下旋球

扫码看视频

动作讲解

①~④ 站在球台左角外侧，左脚在前，侧身朝向球桌，左手放在球台端线外，向上抛球。然后，向右转身，右臂抬起并自然弯曲，向右后上方引拍，使球拍移至头部的右后方，同时将重心移至右脚。当球下落至与球网同高时，向左转身，重心随之向左移动，拍面前倾，向左前下方挥拍击球。

基本姿势与球性练习

步法

发球技术

击球技术

综合练习

常用战术

直拍与削球

动作讲解

⑤~⑥ 左脚蹬地，右脚后撤，左脚再适当调整，使身体正面朝向球台，调整为最佳击球姿势。然后根据来球路线，通过并步移动到适合正手回球的位置，移动过程中，向右转身，带动右臂完成向后引拍动作，使球拍移至右侧大腿的右后方。

⑦~⑧ 右脚蹬地，身体向左转动，重心随之左移，带动右臂向左前上方挥拍，球拍前倾，在身体右前方击球。击球后，顺势挥拍，然后右脚蹬地，让重心回到两脚之间，迅速还原。

081 横拍正手发下旋球后反手抢拉下旋球

扫码看视频

动作讲解

①~④站在球台左角外侧，左脚在前，侧身朝向球桌，左手放在球台端线外，向上抛球。然后，向右转身，右臂抬起并自然弯曲，向右后上方引拍，使球拍移至头部的右后方，同时将重心移至右脚。当球下落至与网同高时，向左转身，重心随之向左移动，拍面前倾，向左前下方挥拍击球。

⑤

⑥

⑦

⑧

基本姿势与球性练习

步法

发球技术

击球技术

综合练习

常用战术

直拍与削球

动作讲解

⑤～⑥ 右脚蹬地，左脚后撤，右脚再适当调整，使身体正面朝向球台，调整为最佳击球姿势。然后根据来球路线，使用跳步或跨步后退至适合反手击球的位置，移动过程中，上身前倾并向左转动，右臂从身前向左后下方引拍，使球拍移至左侧大腿前方。

⑦～⑧ 两脚同时蹬地，身体向右转动，重心随之向右移动，右臂向右前上方挥拍，并在身体前方击球。击球后，顺势挥拍，重心移至两脚之间，迅速还原。

082 横拍正手发下旋球后侧身抢拉下旋球

扫码看视频

动作讲解

①~④ 站在球台左角外侧，左脚在前，侧身朝向球桌，左手放在球台端线外，向上抛球。然后，向右转身，右臂抬起并自然弯曲，向右后上方引拍，使球拍移至头部的右后方，同时将重心移至右脚。当球下落至与球网同高时，向左转身，重心随之向左移动，拍面前倾，向左前下方挥拍击球。

基本姿势与球性练习

步法

发球技术

击球技术

综合练习

常用战术

直拍与削球

动作讲解

⑤～⑦ 右脚蹬地，向右后方撤一步，左脚适当调整，使身体斜对球台，调整为最佳击球姿势。然后观察对手的回球路线，右脚蹬地，通过跳步左移至侧身位，充分向右侧身，并把重心放在右脚上。同时，右臂向右后下方引拍，并使拍面前倾，移至大腿的右侧。

⑧ 右脚蹬地，腰部大幅度向左转动，带动手臂向左前上方挥拍击球。击球后，顺势挥拍至头部的左侧，然后左脚蹬地，让重心回到两脚之间，迅速还原。

083 横拍反手搓球后正手侧身抢拉下旋球

扫码看视频

动作讲解

①～④ 站位近台，两脚分开，略比肩宽，双膝微屈。右脚向前迈步，伸入台内，并将重心放在右脚上，同时上身前倾，手臂向内折叠，引拍至左胸前方。然后，手臂前伸，小臂向右前下方挥动，击球的中下部，通过反手搓球回击来球。

基本姿势与球性练习

步法

发球技术

击球技术

综合练习

常用战术

直拍与削球

动作讲解

⑤~⑥ 右脚蹬地后撤，迅速调整为最佳击球姿势。然后，右脚蹬地，通过跳步移动到球台左角外侧，完成侧身。在移动过程中，腰部向右转动，右臂向右后下方引拍，使球拍移至右侧大腿的右侧。

⑦~⑧ 将重心放在右脚上，然后右脚蹬地发力，腹部收紧，向左转身，带动右臂向左前上方挥拍，拍面前倾，在身体右侧击球。击球后，顺势挥拍至额头的左前方，然后左脚蹬地，通过跳步或并步向右移动，迅速还原。

084 横拍正手搓球后正手抢拉

扫码看视频

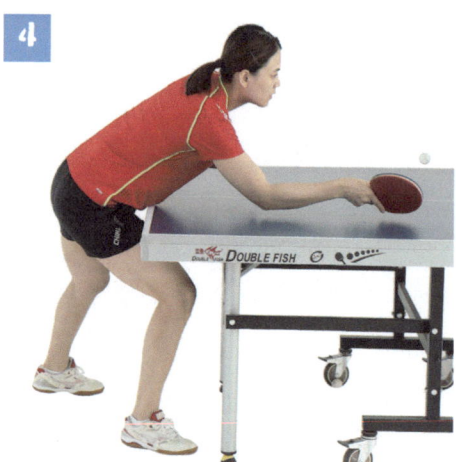

动作讲解

①~④ 站位近台，两脚分开，略比肩宽，双膝微屈。右脚向前迈步，伸入台内，并将重心放在右脚上，手臂自然弯曲，稍向右后上方引拍。然后，手臂前伸，拍面后仰，向斜下方挥拍，在身体的右前方击球，通过正手搓球回击来球。

基本姿势与球性练习

步法

发球技术

击球技术

综合练习

常用战术

直拍与削球

动作讲解

⑤~⑥ 左脚后撤一小步，右脚蹬地随之后撤，迅速调整为最佳击球姿势。然后，左脚适当调整位置，移动到方便正手击球的位置。移动过程中，向右转身，右臂随之向右后下方引拍，使球拍移至大腿右侧。到位后，双膝微屈，将重心移至右脚。

⑦~⑧ 右脚蹬地发力，腹部收紧，腰部向左转动，重心随之左移，带动右臂向左前上方挥拍，拍面前倾，在身体右侧击球。击球后，顺势挥拍至额头的左前方，然后右脚蹬地，通过跳步或并步向左移动，迅速还原。

085 横拍正手搓球后反手抢拉

动作讲解

①～④ 站位近台，两脚分开，略比肩宽，双膝微屈。右脚向前迈步，伸入台内，并将重心放在右脚上，手臂自然弯曲，稍向右后上方引拍。然后，手臂前伸，向斜下方挥拍，在身体的右前方击球，通过正手搓球回击来球。

动作讲解

⑤ ~ ⑦ 右脚蹬地后撤，迅速调整为最佳击球姿势。然后，根据来球路线向后撤步，移动到适合反手击球的位置。移动过程中，向左转身，右臂内收，从身前向左后下方引拍至左侧大腿前方，到位后双膝微屈，使重心降低。

⑧ 两脚同时向上蹬地，腹部收紧，身体向右转动，带动手臂从身前向右前上方挥拍，手腕外展，拍面前倾，在身体前方击球。击球后，顺势挥拍，然后右脚蹬地，迅速还原。

086 横拍反手搓球后反手抢拉

扫码看视频

动作讲解

　　①～④ 站位近台，两脚分开，略比肩宽，双膝微屈。右脚向前迈步，伸入台内，并将重心放在右脚上，同时上身前倾，手臂向内折叠，稍向左后上方引拍至左胸前方。然后，手臂前伸，小臂向右前下方挥动，击球的中下部，通过反手搓球回击来球。

动作讲解

⑤～⑦ 右脚蹬地后撤，迅速调整为最佳击球姿势。然后，根据来球路线向后撤步，移动到适合反手击球的位置。移动过程中，向左转肩，右臂内收，从身前向左后下方引拍至左侧大腿前方，到位后双膝微屈，使重心降低。

⑧ 两脚同时向上蹬地，腹部收紧，身体向右转动，带动手臂从身前向右前上方挥拍，手腕外展，拍面前倾，在身体前方击球。击球后，顺势挥拍，然后右脚蹬地，迅速还原。

动作讲解

①～④ 站位近台，两脚分开，略比肩宽，双膝微屈。右脚向前迈步，伸入台内，并将重心放在右脚上，同时上身前倾，手臂向内折叠，向左后上方引拍至左胸前。然后，手臂前伸，小臂向右前下方挥动，击球的中下部，通过反手搓球回击来球。

基本姿势与球性练习

步法

发球技术

击球技术

综合练习

常用战术

直拍与削球

动作讲解

⑤ ～ ⑥ 右脚蹬地后撤，迅速调整为最佳击球姿势。然后，向右后方跳，移动到方便正手击球的位置。移动过程中，向右转身，右臂随之向右后下方引拍，使球拍移至大腿的右侧。到位后，双膝微屈，将重心移至右脚。

⑦ 右脚蹬地发力，腹部收紧，腰部向左转动，重心随之左移，带动右臂向左前上方挥拍，拍面前倾，在身体右前方击球。击球后，顺势挥拍至额头的左前方，然后左脚蹬地，将重心移至两脚之间，迅速还原。

088 横拍左拨右攻

动作讲解

①～④ 站位近台，双膝微屈，呈基本准备姿势。根据来球的路线及旋转情况，右小臂向左后上方引拍至胸前，同时手腕内收、小臂外旋，使拍面适当前倾在来球从台面弹起时，小臂外旋并向右前上方挥拍，拍面前倾，击球的中上部，向右前方拨回来球。

基本姿势与球性练习

步法

发球技术

击球技术

综合练习

常用战术

直拍与削球

动作讲解

⑤ ~ ⑦ 迅速调整为最佳击球姿势，然后使用并步或跳步向来球方向移动，移动过程中，身体右转，右臂向右后下方引拍，使球拍移至大腿的右侧。到位后，双膝微屈，将重心移至右脚。

⑧ 右脚用力蹬地，腹部收紧，腰部向左转动，重心随之左移，带动手臂向左前上方挥拍，拍面前倾，在身体右侧击球。击球后，右脚蹬地，将重心移至两脚之间，迅速还原。

089 横拍左拨右拉

动作讲解

①~④ 站位近台，双膝微屈，呈基本准备姿势。根据来球的路线及旋转情况，右小臂向左后上方引拍至胸前，同时手腕内收、小臂外旋，使拍面适当前倾。在来球从台面弹起时，小臂外旋并向右前上方挥拍，拍面前倾，击球的中上部，向右前方拨回来球。

动作讲解

⑤ ~ ⑦ 击球后，左脚蹬地，根据来球路线，通过并步或跳步向右后方移动。移动过程中，身体右转，右臂向右后下方引拍，使球拍移至大腿的右后方。到位后，使两脚间距离略比肩宽，双膝微屈，上身前倾，将重心移至右脚。

⑧ 右脚用力蹬地，腹部收紧，腰部向左转动，重心随之左移，带动手臂向左前上方挥拍，拍面前倾，在身体右前方击球，并多向上摩擦球。击球后，右脚蹬地，将重心移至两脚之间，迅速还原。

第 6 章
常用战术

根据对手特点与自身优势合理运用各种战术是取胜的关键之一。学会灵活运用各种战术是备战的重要部分。比赛中，对手会不断变化打法，这就要求我们必须熟练掌握各种战术，并对局面进行冷静分析，及时选择正确的战术，以获得最终的胜利。

090 单打战术 1：上旋球型战术

◆ 针对擅长正手进攻的球员：调正手回反手

　　在比赛中，擅长正手进攻的球员为了发挥优势，让自己能够尽量多地以正手击球，便会经常进行跑动，使用各种步法移动到适合正手击球的位置，提高自己得分的概率。针对这种类型的球员，我们应对症下药，利用他们高频率、大位移的跑位为我方创造距离差。具体来说，就是通过出其不意的球路，让这些球员来不及移动到合适的位置，使得我方有可能直接得分，或者让对方只能在仓促之间回球，使其无法使用既定战术。

用正手球吸引对方移动

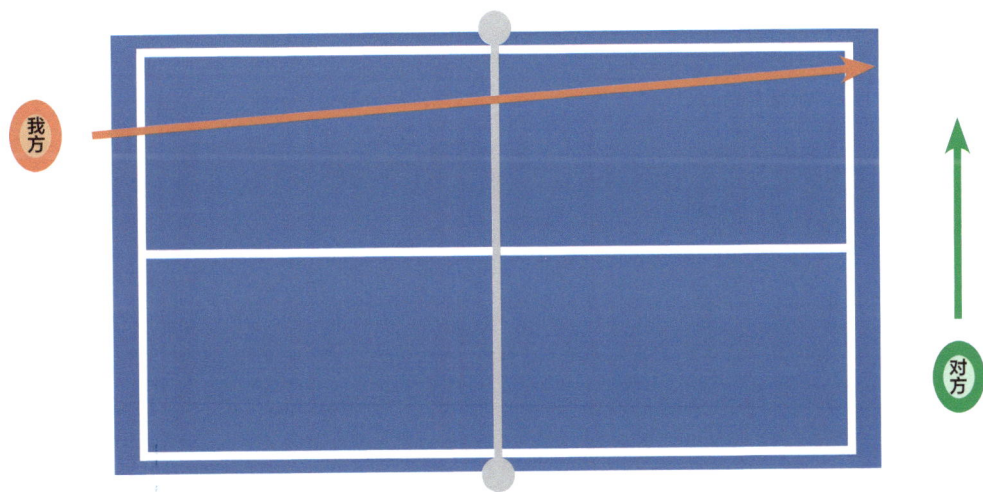

基本姿势与球性练习

步法

发球技术

击球技术

综合练习

常用战术

直拍与削球

让对方来不及移动到合适的位置接球

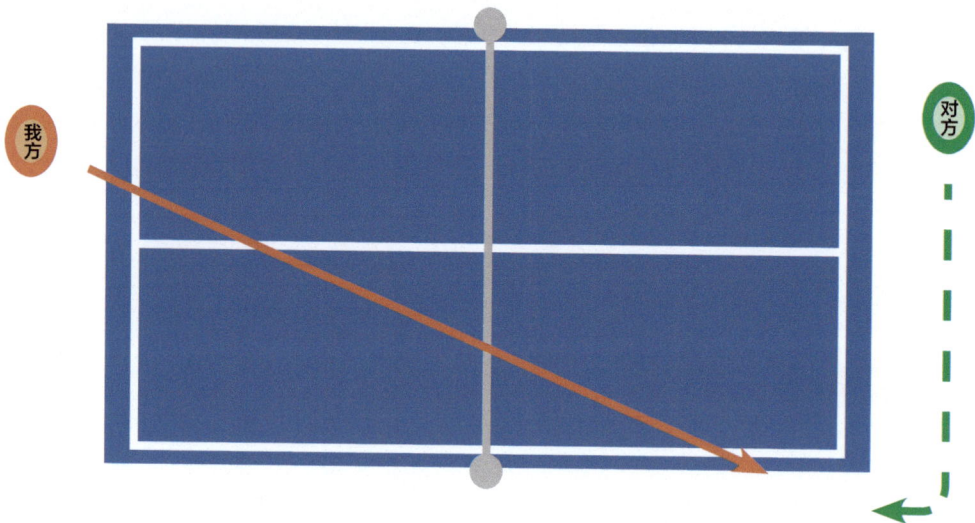

动作讲解

如果对方右手持拍，那我们可以集中将球打向其右边角附近，让擅长正手进攻的对方向右移动至我方的正手位，使其被迫离台，为我方创造之后进攻的机会。在将对方吸引至其右半台后，便可以出其不意地反手回球，将球打至其左半台偏左的地方，让对方来不及移动到合适的回球位置，使其回球质量不高或者直接失球让我方得分。

小提示

贸然攻击对方的正手区域不免有些冒险，所以这一板球要突出速度和落点，否则容易让对方抓住机会展开进攻，错失先机。此外，这种出其不意的战术，在一场比赛中尽量不要使用太多次，否则容易让对方逐渐适应该节奏，反而让自己变得被动。

◆　针对擅长正手进攻的球员：前后调动对方

在比赛中，除了可以通过正手、反手的切换，使对方大幅度左右移动，制造两次回球之间的左右位置差外；还可以通过长短球的配合，制造出两次回球位置的前后距离差，以降低对方的回球质量或让我方直接得分。

利用短球让对方上前

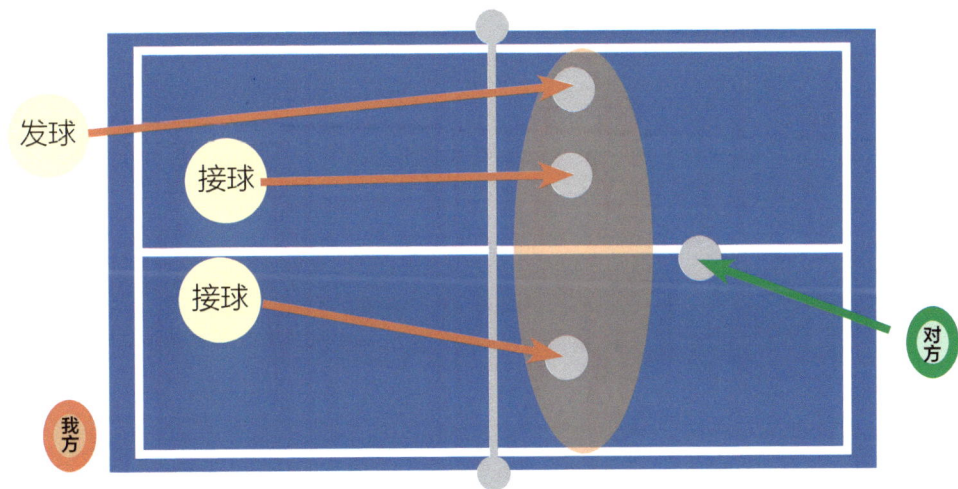

小提示

在台内挑打回球时，一定要根据来球的旋转情况选择合适的拍形与击球点，避免发生失误，以致回球下网或出界。

攻击对方反手的位置，让其无法顺利回球

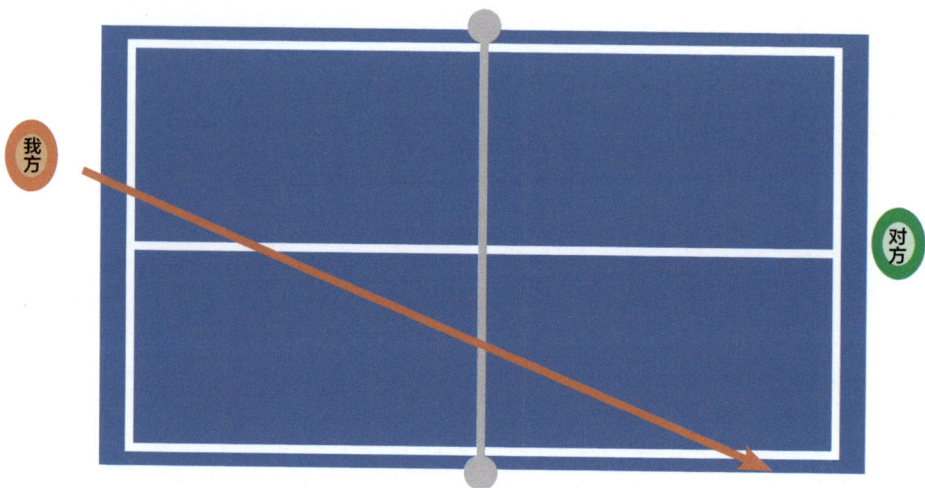

动作讲解

　　长球通常是上旋球，所以可以通过发短球或挑短球等方式，使球的落点比较靠前，迫使对方迈步接球，创造出其后方的空位。在对手迈步上前，在台内回球时，便可以趁机攻击其反手位置，让对方来不及挪步，无法顺利回球。

小提示

攻击对方的反手位置，讲究出其不意，攻势要猛，球速要快，不要给对方反应调整的机会，尽量避免进入拉锯战。

基本姿势与球性练习

步法

发球技术

击球技术

综合练习

常用战术

直拍与削球

◆ 针对擅长反手进攻的球员：正手切换反手

对于擅长反手进攻的球员来说，即使来球在正手范围内，其有时也会使用反手来接球。通常，这种也可以通过反手接球的正手范围在球台的正中到球员的右脚附近，所以我方可以连续攻击其右脚附近的位置，让其不断向右移动，偏离球台中央，之后再利用左右的距离差距突然攻击其反手位置，使其来不及移动到最合适的位置接球。

攻击对方身前的位置

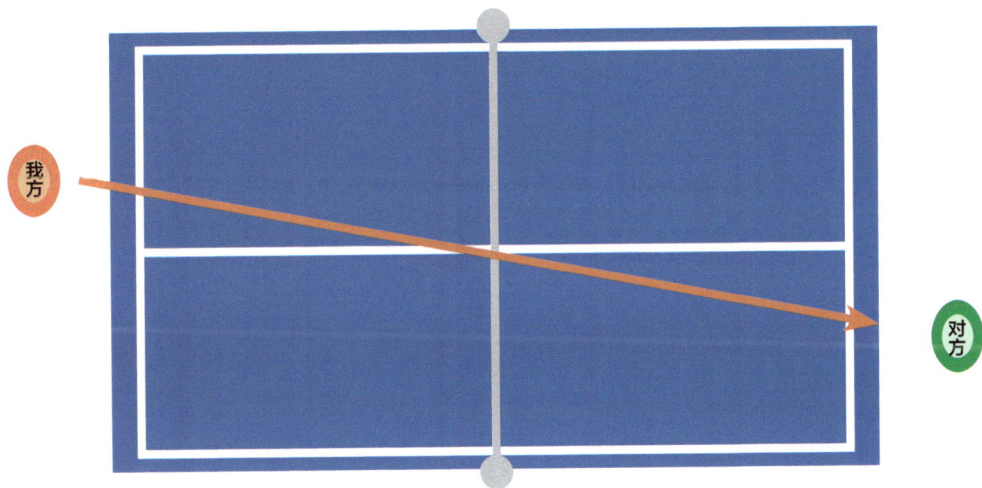

动作讲解

如果对方擅长反手进攻，我们便可以利用这一点，不断攻击其正手位，吸引其向右移动，让其逐渐远离自己原来的位置。这时，突然变线攻击对方的反手位置，让其来不及返回，无法发挥自己反手优势，降低回球质量，从而给我方创造良好的得分机会。

小提示

连续展开进攻时，要不断调整自己的姿势，以瞄准对方的正手位置，即右脚附近。同时，要提高自己回球落点的准确性，保证对方会为了反手回球而不断向右移动。

连续攻击对方右脚附近的位置

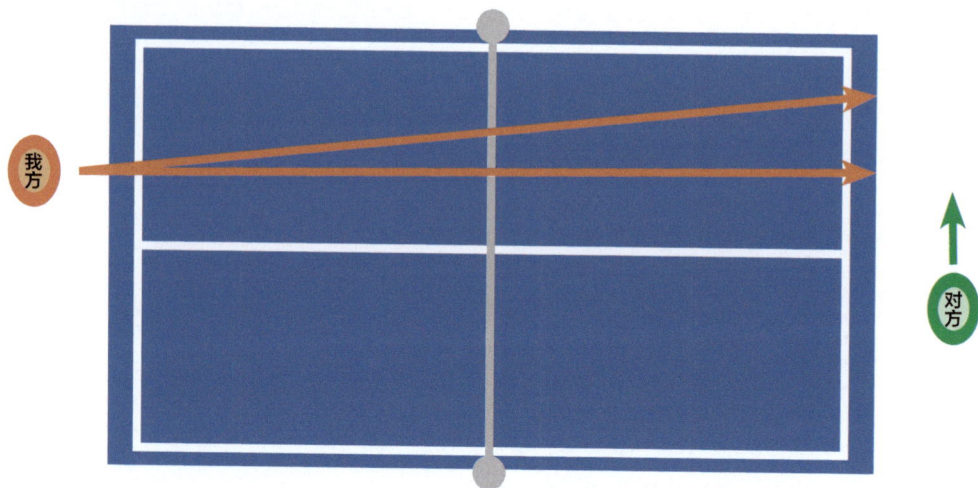

我方

对方

攻击对方的反手位置，让其无法顺利回球

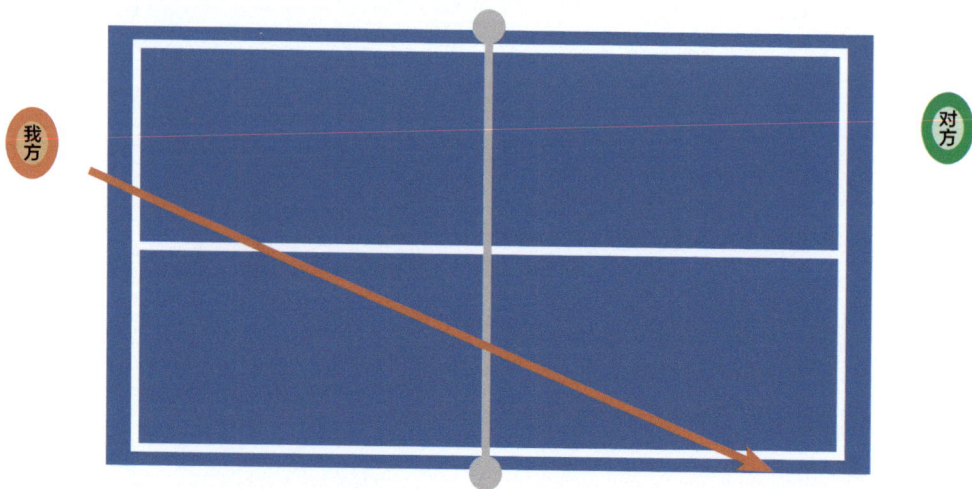

我方

对方

◆ 针对擅长正、反手进攻的球员：攻击身前的位置

正、反手进攻都擅长的球员通常是全能型选手，他们技术全面，很少出现失误，前文介绍的战术往往很难在他们身上产生理想的效果。面对这样的球员，最好避免与其对攻，否则容易使其抢得先机；应该尽量抢先在近台发起进攻，瞄准对方身前的位置攻击，通过快攻让对方逐渐露出破绽。

攻击对方身前的位置

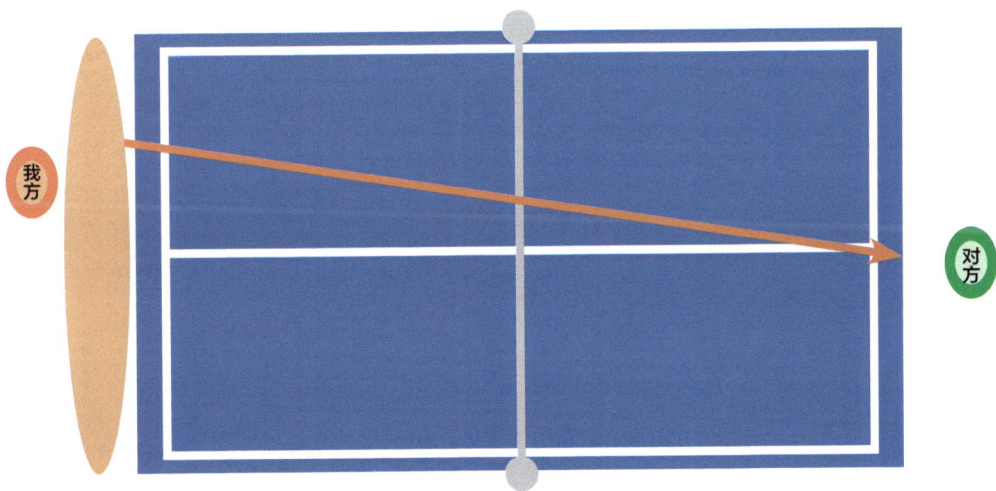

基本姿势与球性练习

步法

发球技术

击球技术

综合练习

常用战术

直拍与削球

091 单打战术2：近台快攻型战术

◆ 反手搓球~正手

近台快攻型战术的重点在于进攻，面对使用这种战术的球员，我方的打法不能太过单一，不然会让对方轻易寻得破绽，展开攻击。所以，这时应该用不同的球路及旋转迷惑对方。

针对近台快攻型球员，最重要的便是迫使其退到远台，从而无法展开近台快攻。一般情况下，近台快攻型球员用的是正胶球拍，所以他们往往不能对下旋球进行扣杀。因此，向他们打出一个下旋长球就能压制其进攻，让比赛进入相持阶段，这样我方便可以找到进攻的机会，改变场上局势，转守为攻。

通过正手进攻分散对方的注意力

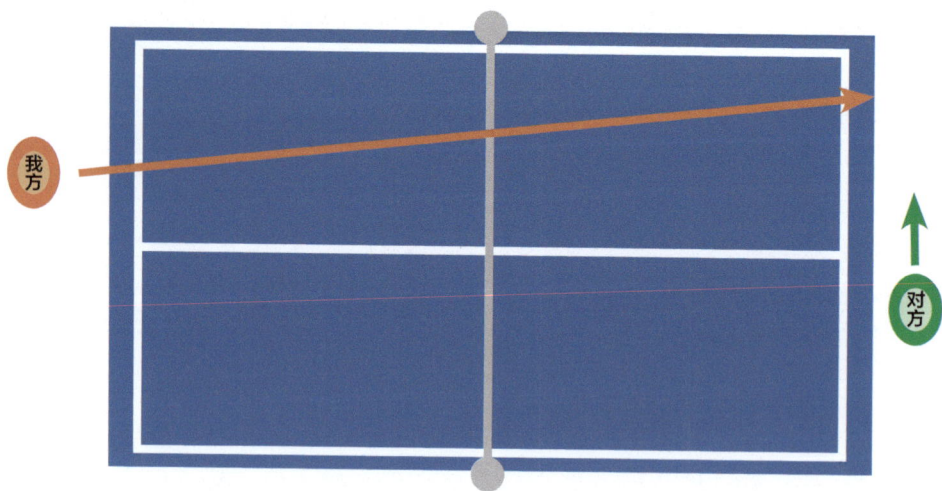

用搓球攻击对方的反手位置

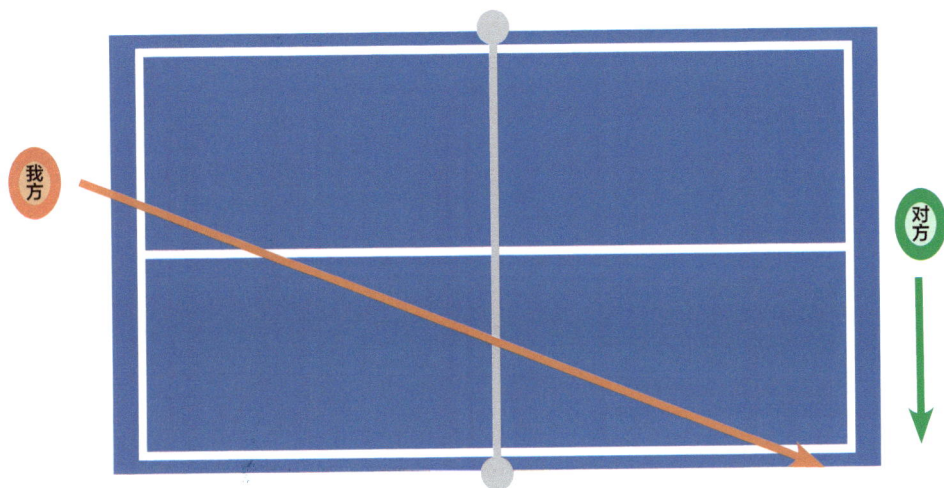

我方

对方

正手进攻，并迫使对方退到远台

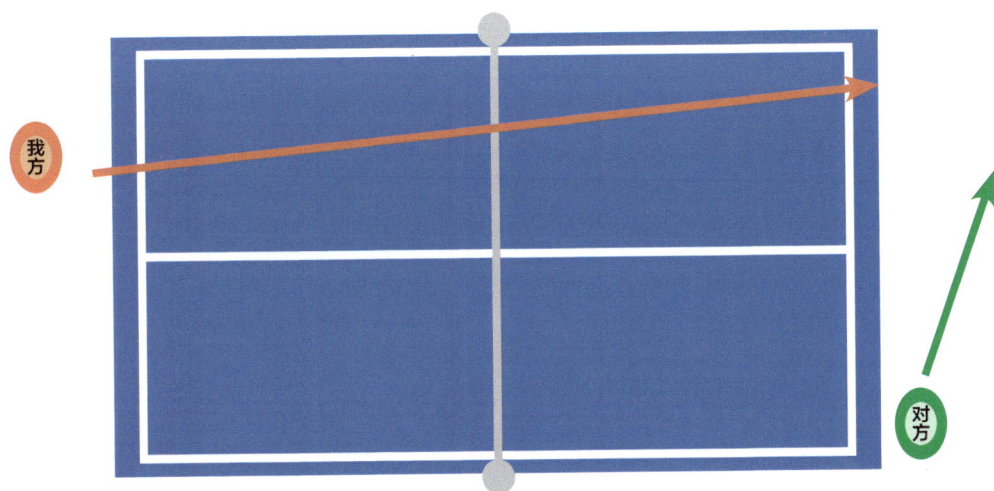

我方

对方

基本姿势与球性练习

步法

发球技术

击球技术

综合练习

常用战术

直拍与削球

継续正手进攻，以左右调动对方

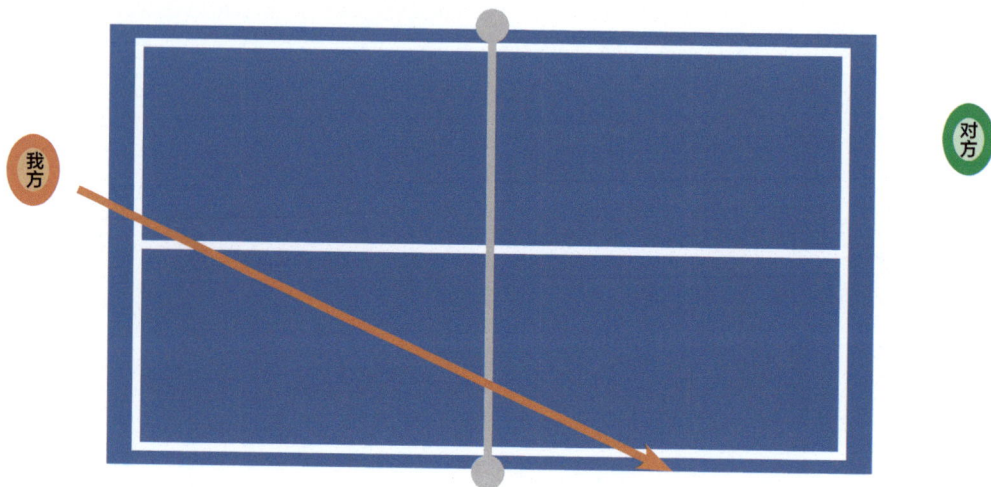

我方

对方

动作讲解

首先可以通过正手进攻分散对方的注意力，以便之后的战术顺利实施。随后，突然用搓球攻击对方的反手位置，此时其回球速度往往较慢，给我方提供了一个正手进攻并迫使其退到远台的机会。就算对方能够将球接起，他也离开了自己擅长的近台，无法立即进行近台快攻，我方可以继续正手进攻其反手位置，迫使他快速向左移动。左右调动可以使对方疲于防守，露出破绽，并且无力展开进攻。

小提示

近台快攻型战术非常适用于展开拉锯战，但在使用这一战术的过程中，最好不断改变回球的球速，并且根据情况随机使用下旋球和不转球，以打乱对方的节奏，寻得进攻机会。

144

092　单打战术 3：近台攻守型战术

◆　**正手直球～反手**

　　如果对方是近台攻守型球员，那他往往会站在离球台较近的位置，并且更加重视防守。但他们不是一味地防守，他们比较擅长在防守的过程中抓住机会，转守为攻。此外，近台攻守型球员比较喜欢站在反手位置，在进行了正手进攻后，他们会马上返回反手位置。

　　面对我方的进攻，近台攻守型球员往往会使用推挡的方式进行防守，虽然我方在不断地主动进攻，但整体依旧处于被动，会被对方的回球所影响，这对我方是非常不利的。所以，面对这种类型的球员，比较有效的进攻战术是通过连续进攻其正手位置来消耗他的体力，当他的反手位置出现漏洞时，立刻向他的反手位置进行攻击。

连续攻击对方的正手位置

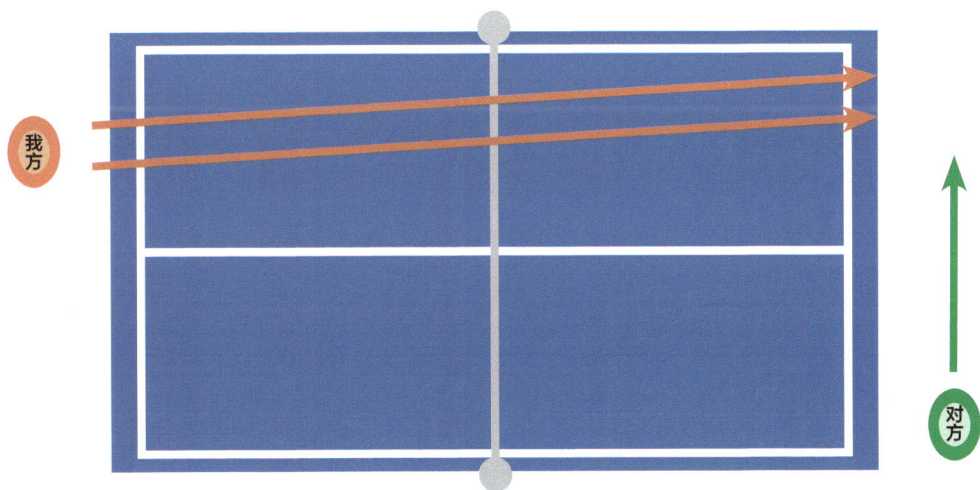

动作讲解

　　近台攻守型球员主站位通常在反手位置，我方在连续进攻其正手位置的过程中，对方不得不在正、反手两个位置来回奔跑，使其消耗更多的体力，注意力也随之分散。

基本姿势与球性练习

步法

发球技术

击球技术

综合练习

常用战术

直拍与削球

反手位置出现漏洞后，立即攻击其反手位置

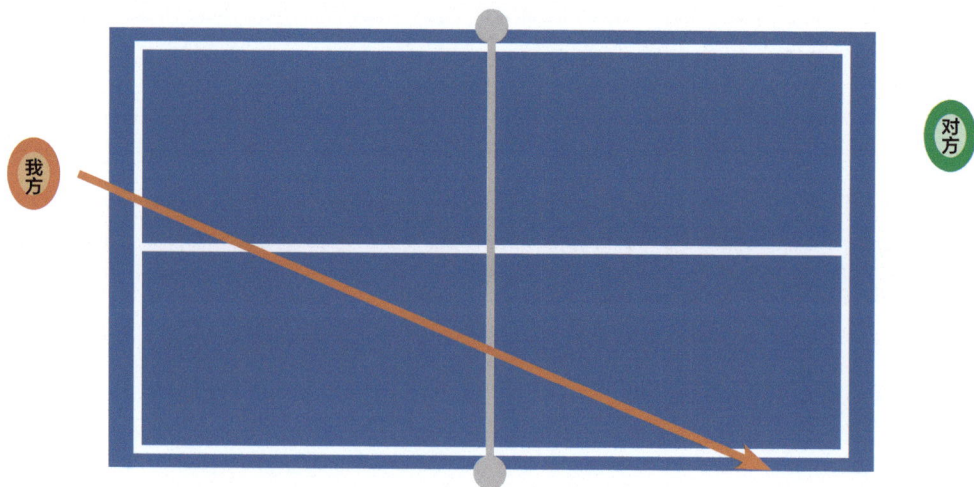

我方

对方

小提示

要尽量避免单一的打法，不然非常容易被对方防守并抓住破绽，从而使对方转守为攻。所以，回球时要将长球、短球、高球、低球结合在一起，根据情况灵活使用，让对方防不胜防。

动作讲解

如果迫使对手消耗大量的注意力和体力用来应付正手回球，在多个来回后，他往往会疲于对反手位置的防守，进而出现漏洞，此时便可趁其不备，立刻对他的反手进行攻击。

练习

093 单打战术 4：对攻战术

◆　攻两角战术

　　攻两角战术有对角攻击和双边直线攻击。双角攻击是以斜线攻对角的两次进攻，而双边直线攻击是以直线攻同侧角的两次进攻。这个战术非常适合对付那些动作不够灵活、移动速度不及我方的球员，通过攻击对面的左右两个大角，让对方无法应付自如，以便我方轻松、有效地控制战局。

对角攻击

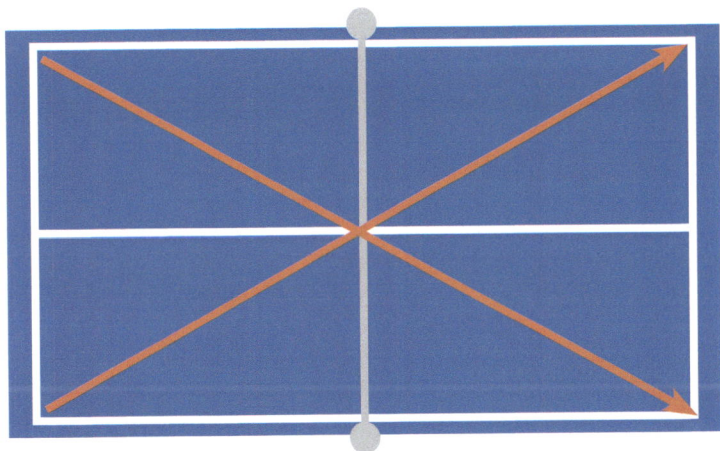

双边直线攻击

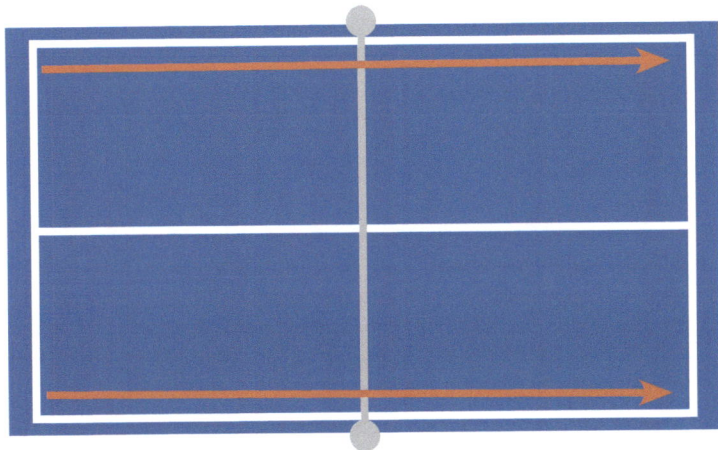

基本姿势与球性练习

步法

发球技术

击球技术

综合练习

常用战术

直拍与削球

◆ 攻两角的应对办法

　　面对对方的攻两角战术，我方可以通过大角度转换、突袭空当的方式回击。遇斜线变直线，遇直线变斜线，但要保证回球的落点都在球台的角上。如果对方采用的是双角攻式，那就要以直线攻同侧角；如果对方采用的是双边直线攻击，那我要以斜线攻对角。

逢斜变直

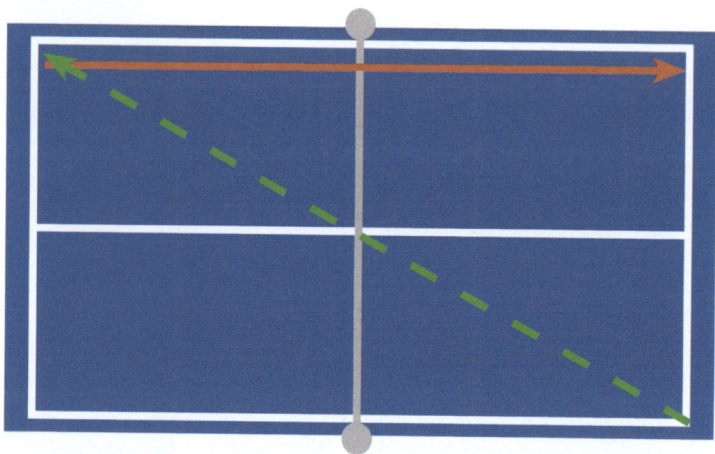

逢直变斜

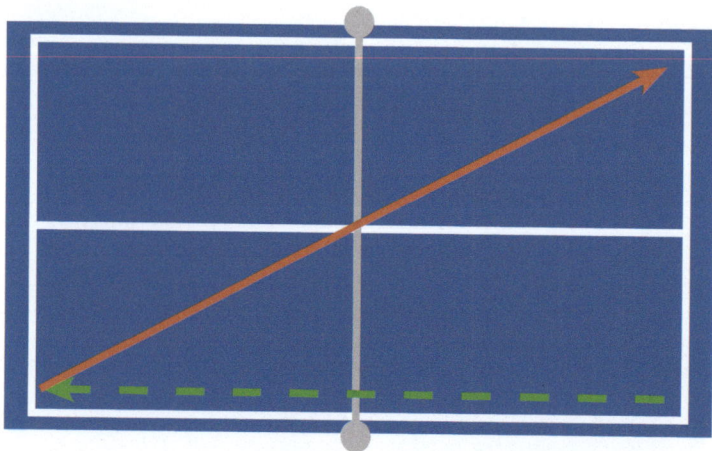

◆　攻中路追身战术：攻中路杀两角

这种战术经常用来应对两面攻（两面攻是指以正、反两面进攻技术作为主要得分手段的快攻型打法）打法，也可压制擅长横拍反手进攻的球员。这类球员一般都是反手进攻技术好，正手技术相对较差，且中路经常会出现较大漏洞。对此，我方便可以通过推挡或反手攻球的方式先限制其中路或正手位置，等对方出现失误后，果断抓住得分的机会，随即攻击其反手位置。

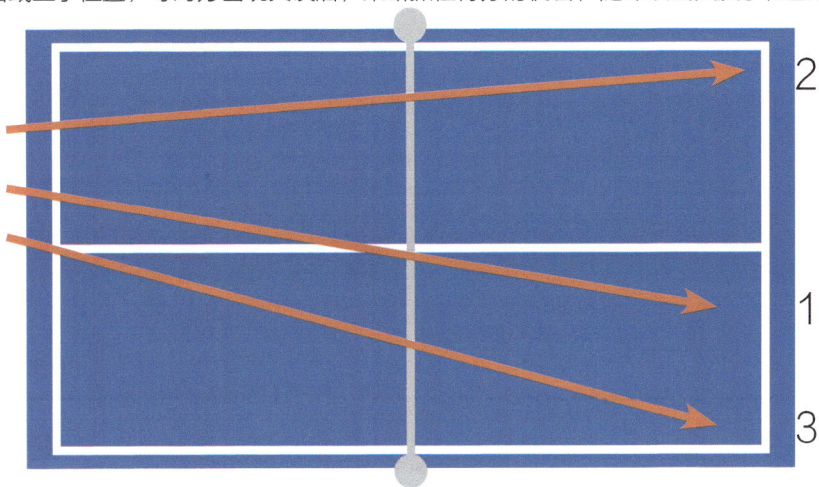

◆　攻中路追身战术：攻两角杀中路

这种战术经常用来应对两面攻打法，对压制横拍左右两面技术都不突出的球员也十分有效，但要求使用该战术的球员应该具有较强的反手相持能力和正手攻击能力。攻两角杀中路战术一般会先进攻对方左、右两个大角，以此分散对方注意力和精力，待对方无暇顾及中路时，抓住机会扣杀得分。

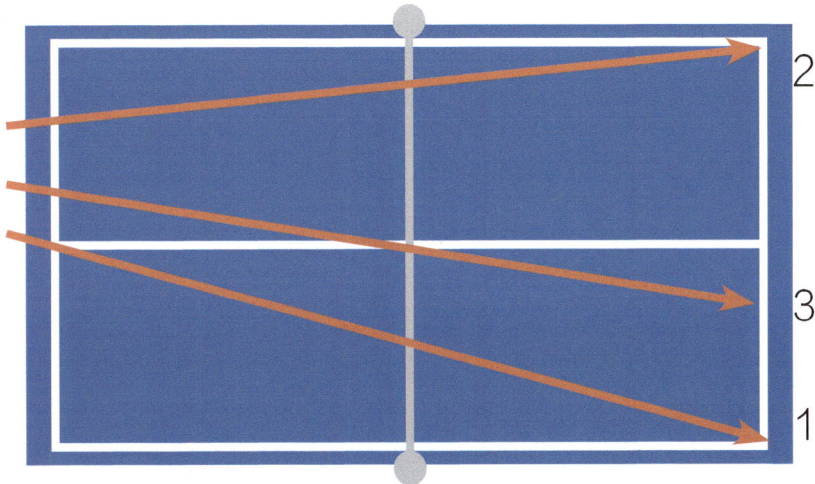

基本姿势与球性练习

步法

发球技术

击球技术

综合练习

常用战术

直拍与削球

149

094 双打战术 1：打开角度

在双打比赛中，进攻球员在进攻时可以尽量将球打向对面的两个边角位置，角度越大越好，以使对方两名球员的站位距离较远，从而伺机进攻空隙位置，获得得分机会。

动作讲解

在双打比赛中，我们可以按照上图中标记线的位置轮流将球打至两个边角位置，迫使对方不断向两边移动，使得对方两人之间的距离越来越大，这样也容易使对方两人的移动路线变得较为混乱，从而使其击球质量降低。当对方中路出现空隙时，我方便可抓住这个机会，将球打向中路空隙。一般这种情况对方很难将球击回，即使击回，质量也会大大降低，我方可以轻松地获得得分机会。

095 双打战术 2：连续追身

乒乓球双打中的连续追身，是不断进攻对方某一名球员，不断缩小其移动范围，使对方两人位置靠向一侧，从而进攻另一侧的战术。

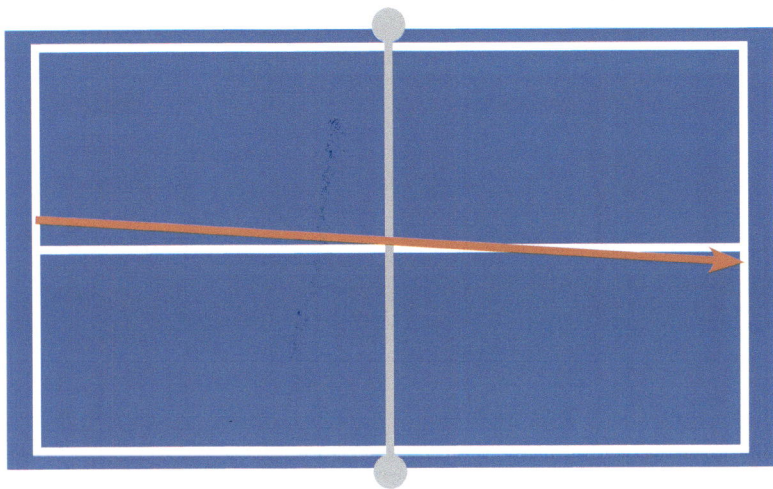

动作讲解

在双打比赛中，我们可以按照上图中的标记线，将球打向中线附近，引导对方从一侧移动到中路位置，为后续的战术实施奠定基础。

小提示

追身球是落点在对方身体附近的回球，由于自身身体的阻挡，对方无法充分伸展手臂对其进行合理回击。如果对方在移动过程中有重心不稳的情况，追身球便是使我方直接得分或者为我方赢得机会球的绝佳手段。通常来说，追身球的最佳落点是对手持拍手腋下位置，当追身球落至该位置时，球员如果不进行移动，无论是正手还是反手都很难找到合适的击球点。

基本姿势与球性练习

步法

发球技术

击球技术

综合练习

常用战术

直拍与削球

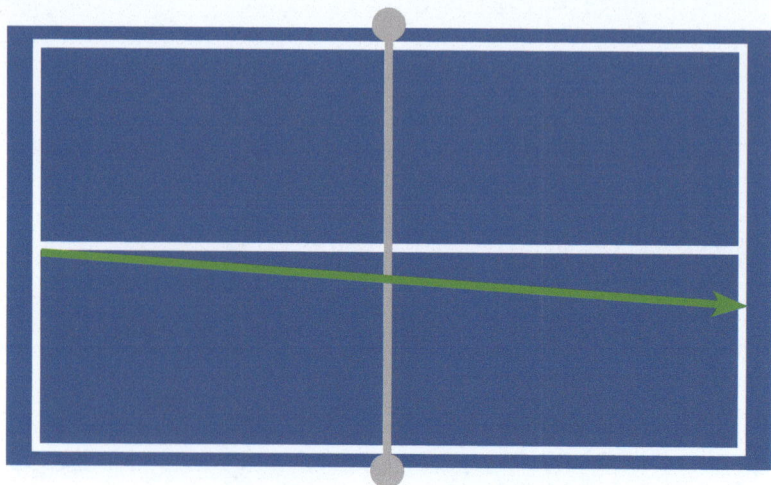

对方移动到中路后,我们继续打追身球,使对方两名球员的距离更近,迫使对方两名球员都处于球台的某一侧,让他们活动不便,无法灵活、迅速地去接下一球。

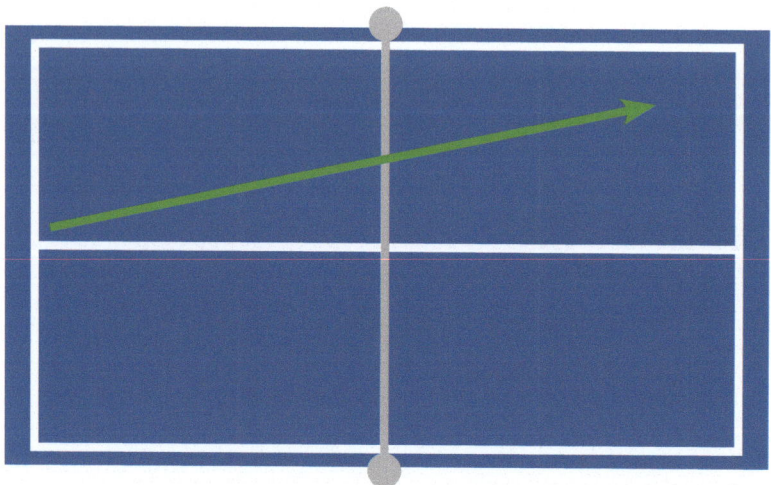

动作讲解

当对方两人处于一侧或者相撞时,选择扣杀这种速度较快、力度较大的攻击方式,将球打向另一侧的空当,对方就会很难将球击回,即使击回,质量也会较低,此时,我方便可以轻松获得得分机会。

练习

096 双打战术 3：对打战术

双打是两名球员组队进行比赛，那么根据两名球员水平的差异，我们可以采用以强打弱和以强打强两种战术。

以强打弱

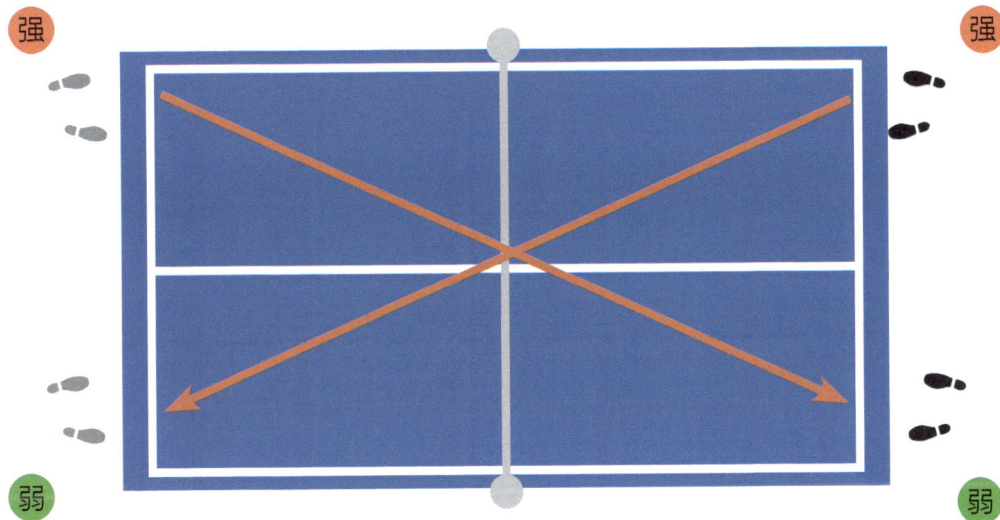

动作讲解

当双方组合中都有一名球员水平明显较低时，我们应该让本方能力较强的球员对打对方较弱的球员，在个人能力上形成一定的差距，从而让我方更容易从对方较弱一人处获得得分机会。

小提示

双打比赛中，要重视与队友的默契，可以用手势、暗号或事先商量好的方式与队友沟通，以便更好地完成配合。

以强打强

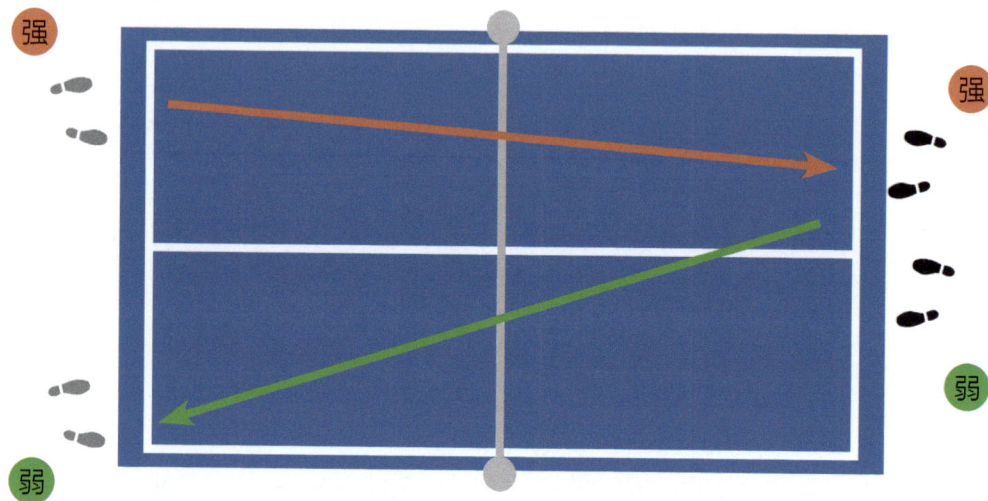

动作讲解

　　当双打组合的两人水平较为接近时，可以选择以强打强的战术。两名球员之中，如果一名球员的进攻能力和防守能力都不如另一名球员，那我们可以适当为这位能力较弱的球员创造机会，让能力强的球员攻击对方的强者，以强打强，即使不能得分，也可以使对方难以接球而降低回球质量，间接降低我方较弱球员的击球难度。

小提示

　　在队友应对对方较强的球员时，另一名球员要注意自己的走位，尽量不影响同伴的视线，让队友可以更好地判断来球的情况。

097 双打战术 4：发球一般战术

◆ 发球要用反手发和正手发相配合

采用反手发球后，应该为队友留出较大的位置，让队友接球更加容易；采用正手发球后，应该迅速移动到另一侧，为队友让出足够的接球空间。

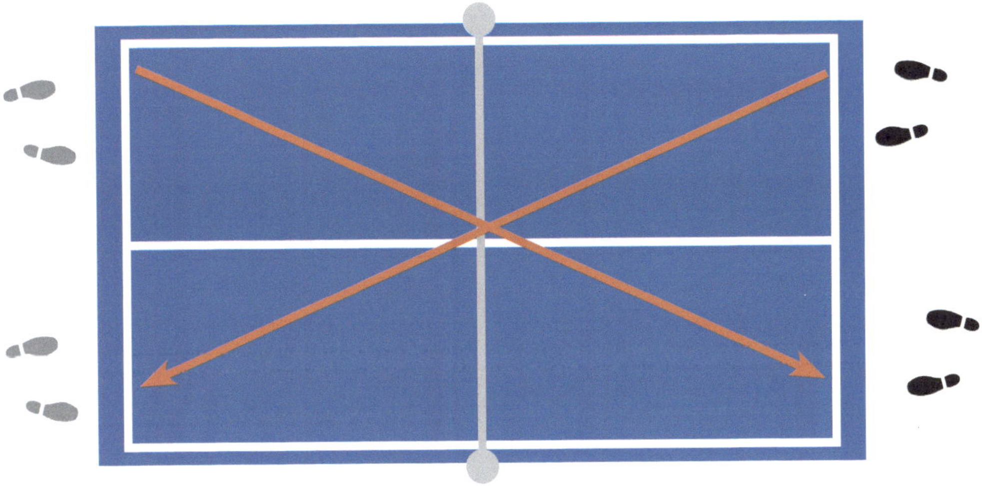

⊙ **发球时的站位**

基本姿势与球性练习

步法

发球技术

击球技术

综合练习

常用战术

直拍与削球

155

◆　选择接发球

在比赛开始前，双方球员可以抽签决定接发球的顺序或者球台站位，比如我们在男女混双的比赛中，选择女接男发的顺序，就有利于形成以强对弱的局面。

◆　发球与发球抢攻

在双打比赛中，发球的区域是不变的，如果想要占据主动，就要让我方的发球更加多变、凶猛。一般，能力较强，能做到落点准确、旋转变化大的球员为第一发球员。

（1）双打比赛不仅重视球员的个人能力，还很重视队友之间的默契和配合。一般，双打组合中的两名球员会事先商量好比赛中要采用的暗号、手势或者其他特定的方式，以进行有效的沟通，告诉队友自己的发球方式或要采用的战术，从而更好地进行配合。

（2）注意发球的区域和落点，在发球时要充分考虑队友的强项和短板；如果发近网球，要保证球的第二跳也落在台面上，避免失误。

（3）发右侧上旋球抢攻，要考虑对方的接球球员的情况：如对方以左手接发球，应将球发于右侧底线附近；如对方以右手接发球，应将球发于中路附近。

（4）双打比赛中，要尤其重视第三板的变化，发力抢攻和抢位多发生于第三板。如果时机不成熟，不要盲目地进攻，可以控制力度回击，为队友的下一板创造机会。

练习

098 双打战术 5：接发球一般战术

在双打比赛中，因为发球的路线和落点有明确规定，所以提高接发球的质量是十分重要的，双打的接发球质量直接影响整局比赛的结果。

◆　接发球的建议

（1）在进攻时，要灵活变换自己击球的速度和落点。

（2）在对攻搓球时，可以通过搓球力度和旋转速度的变化来迷惑对方。

（3）在搓长短球时，要尽可能加大不同落点的距离，并且降低弧线位置，使球速变快。

（4）做到虚虚实实，不要连续三板使用同一技术或变化较小，这样容易被对方针对，要将速度、力量、球的线路变化结合起来，让对方摸不到你的节奏。

◆　接发球的注意事项

（1）在有能力接发球抢攻和抢冲时，要毫不犹豫地拼抢，但要注意击球落点的位置，减少不必要的失误。

（2）要不断变换接发球的技术。乒乓球运动的技术十分丰富，在比赛中要综合运用多种技术，以扰乱对方的进攻，从而掌握比赛的主动权。

（3）不要盲目地只根据自己的情况进行接发球，还要考虑队友的优势与劣势，只有相互配合才能更加轻松地取得比赛胜利。

（4）在与队友培养默契的同时，也需要全方位掌握对方的技术特点，以便在比赛中针对他们的弱点有效展开进攻。所以，提前制定一些有针对性的战术也是至关重要的。

基本姿势与球性练习

步法

发球技术

击球技术

综合练习

常用战术

直拍与削球

099 双打战术 6：相持一般战术

在双打比赛中，如果双方都没有在三板内获得分数，比赛便会进入相持阶段，这一阶段不管是对球员个人的技术还是队友间的默契都是很大的考验。

◆ 相持阶段的注意事项

（1）球员要努力加快自己的移动速度，完成击球后，一边观察对方动作，一边为自己的队友让出足够的空间，以便队友顺利击球回击。在队友击球后，在队友让出空位的同时，另一名球员要根据来球，立即移动到相应位置回击来球，以此类推，直到一方得分。注意，双打组合的球员之间应有很好的默契，一定要避免在移动过程中与队友发生碰撞，或挡住队友的视线、回球路线。

（2）双打比赛中，球员们的移动范围往往都比单打大，所以就更容易出现空当。所以，在相持阶段，球员既要保证自己与队友的防守质量，避免出现空当，还要时刻观察对方的动向，及时抓住对方的空当，果断展开进攻。

◉ 反手击球后移动

基本姿势与球性练习

步法

发球技术

击球技术

综合练习

常用战术

直拍与削球

◉ **正手击球后移动**

◆　相持阶段常用的战术

（1）连续将球打至一角，使对方两人之间的距离不断缩小，然后看准时机，将球打至另一角或打一追身球，让他们无法灵活移动去接球。通常情况下，要重点攻击对方较弱的一角。

（2）交替打两角，让对方两人在持续的换位中的移动路线变得混乱，以降低他们的回球质量，并创造空当。

（3）有意识地攻击对方两人各自的弱点，待对方有人露出破绽后，伺机扣杀。

（4）连续打追身球，让对方两人在移动过程中相互妨碍，影响他们的心态与发挥，然后抓住空当，果断进攻。

（5）根据对方的情况，不断改变击球的速度、力度、旋转以及整体节奏等，让对方疲于应对，最终达到出其不意的效果。

　　每名球员的身体素质各不相同，打球风格也不同，相同战术在不同球员身上显示出的效果也各不相同，所以不能一味地使用一种战术。针对不同类型的对手，要根据他们的特点及自身的优劣势，选择不同的战术。

　　（1）应对两名右手直拍球员的战术：先连压对方第二号球员的反手大角，再转攻正手大角或打追身球。

　　（2）应对左、右手直拍球员的战术：连续攻击对方的反手大角位置，使其不能顺利侧身，之后伺机攻正手大角或打追身球。

　　（3）应对两名右手横拍球员的战术：连续将球打至离接球球员较远的那一侧大角，并且伺机突然使用追身球。

　　（4）应对左、右手横拍球员的战术：针对对方实力较弱的一名球员，攻击距离其较远的一侧大角，也可使用追身球。

　　（5）应对一直一横球员的战术：攻击直拍球员的反手大角，对横拍球员的中路打追身球，之后交替攻两角。

⊙ 左拨右攻

第 7 章
直拍与削球

　　前文主要介绍的是横拍技术，虽说现在采用横拍握法的球员占大多数，但我们仍需对直拍技术进行充分了解，以应对不同类型的对手。此外，削球也是十分常用且必须要掌握的一项技术，本章也会一并介绍。

虽然现在使用横拍握法是主流，但直拍仍然具有一些明显的优势，如入门容易、出手快，且对台内球及追身球的处理也优于横拍。不过直拍握法也有明显的劣势，一是其护台面积有限，要求球员对步法的运用非常娴熟，以增强自己的防守；二是使用直拍握法时，拍形较难固定，而且反手不易发力，这就使得刚刚接触乒乓球运动的人不太适合直接使用直拍，因为初学者很容易就会以错误的发力方式及拍形进行练习，从而形成错误的肌肉记忆，这在后期是比较难纠正的。此外，反手不宜发力的特点也让直拍技术如今越来越少有人使用。

◆ **直拍接发球准备姿势**

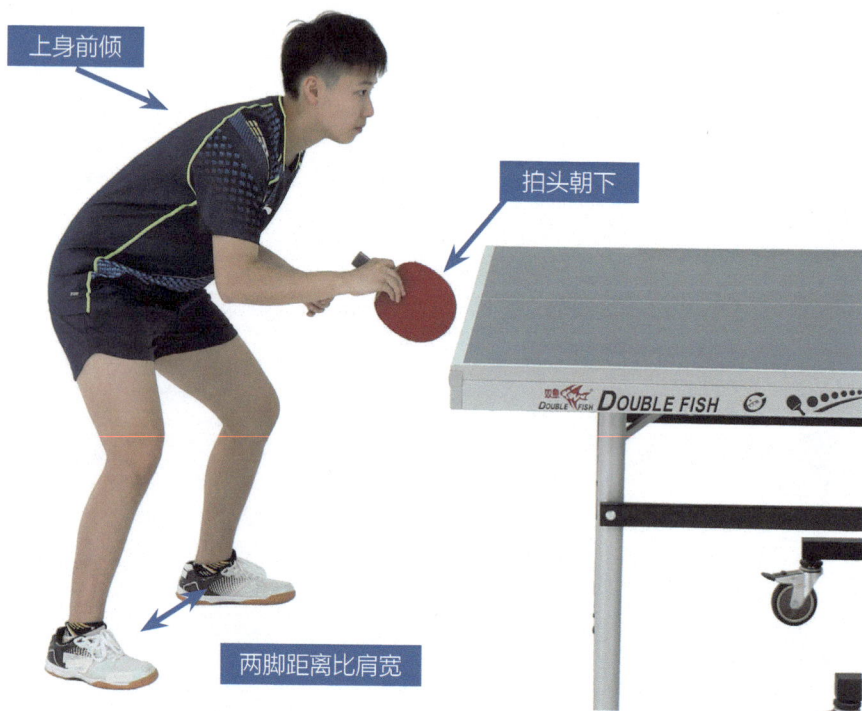

上身前倾

拍头朝下

两脚距离比肩宽

◆ **推接球**

手臂与手腕外旋，使拍面前
倾且拍头指向左侧。

击球时，拇指放松，食
指压拍，击球的中上部。

◆ **直拍正手攻球**

拇指按在拍柄处，食指
放松。

击球时，手腕保持稳定，
拍面呈半横状。

◆ 直拍正手发奔球

站在球台左角外侧。

右臂抬起向身体右后方引拍，重心随之移至右脚。

在球落至与球网同高时，小臂下摆，向左前方挥拍。

拍面略微前倾，在腹部前方击球的中上部。

◆ 直拍反手发右侧上旋球

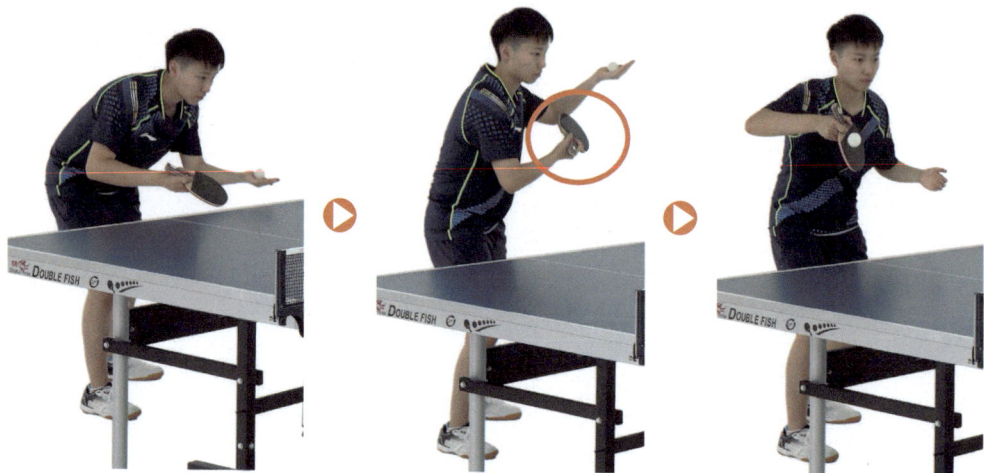

站在左半台靠左的位置。

右臂向内折叠，向左后上方引拍，手腕适当下压。

拍头朝斜下方，拍面略微后仰，用靠近拍柄的位置摩擦击球。

削球技术

削球通常是反手颗粒胶的运动员进行防守时的主要打法，其特点是跑动范围大、旋转强、上下旋反差大。可通过旋转的变化和大范围的跑动来制胜。

◆　正手削球

动作讲解

①~② 两脚间的距离略比肩宽，左脚在前，双膝微屈。向右后方转身，右臂外旋并向右后上方引拍，同时右侧小臂提起，球拍上举，使球拍移动到头部的右后上方。在球从最高点下落至腰的高度时，回身，身体带动手臂发力向左前下方削去，在腰部附近击球。击球时，球拍微微后仰，手腕加速发力，以充分摩擦球。击球后，继续向前挥拍，然后立即还原。

小提示

击球时要充分利用转腰的力量，并且不断屈膝，让身体重心随着挥拍动作前压，通过重心的变化带动发力并保持身体协调。

基本姿势与球性练习

步法

发球技术

击球技术

综合练习

常用战术

直拍与削球

165

◆ 反手削球

动作讲解

①~② 反手削球时，因为动作会受到身体的限制，所以引拍动作要更加注重节奏的正确性。引拍时，左脚向后迈一步，身体左转的同时转肩，重心随之左移，右臂向内折叠并向左后上方引拍，直到球拍移动到左肩上方。在球下落到身体侧前方时，身体向右转回，重心移至右脚，手臂随重心摆回，小臂向右前下方削去。注意，此时手腕要内旋并加速发力，使球拍后仰，充分摩擦球。

◉ 侧面示范

作者简介

赵岩

　　1993 年 11 月 28 日出生于江苏省徐州市，是运动健将、原中国国家乒乓球队队员，曾在多项国家级及国际赛事上取得优异成绩，现就职于南京农业大学。

　　2010 年，赵岩进入中国国家乒乓球队训练。她于 2010 年、2011 年分别获得中国乒乓球俱乐部甲 A 团体赛的冠军和第三名；于 2011 年、2012 年分别获得全国乒乓球锦标赛双打第三名与单打第三名；于 2013 年代表国家参加德国乒乓球公开赛获得双打冠军，又与队友共同参加东亚运动会获得团体冠军；于 2014 年获得中国乒乓球俱乐部超级联赛团体第三名。